Marielle Franco

CURADORIA DE IMAGENS
Mayara Donaria, Thais Rocha,
Bernardo Guerreiro, Wilson da Costa
e Marcelo Brodsky

CURADORIA DE TEXTOS
Melina de Lima e Sergio Cohn

BACKLANDSPRESS oca
andantes LESMOTS MOBILES

O LIVRO DE MARIELLE FRANCO - UMA FOTOBIOGRAFIA

CURADORIA DE IMAGENS
Mayara Donaria, Thais Rocha,
Bernardo Guerreiro, Wilson da Costa
e Marcelo Brodsky

CURADORIA DE TEXTOS
Melina de Lima e Sergio Cohn

COORDENAÇÃO EDITORIAL E PROJETO GRÁFICO
Sergio Cohn

ORGANIZAÇÃO FINAL
Bernardo Guerreiro e Sergio Cohn

ISBN 978-85-65332-67-5

INSTITUTO MARIELLE FRANCO
www.institutomariellefranco.org

GABINETE MÔNICA BENÍCIO
www.monicabenicio.com.br

OCA EDITORIAL (PORTUGAL, BRASIL, ANGOLA)
ANDANTES (ESPANHA E AMERICA LATINA)
LES MOTS MOBILES (FRANÇA, BÉLGICA, ITÁLIA E ALEMANA
BACKLANDS PRESS (EUA, CANADA)

MAIS DO QUE EDITORAS, PONTES ENTRE CULTURAS

Rio de Janeiro, 27 de julho de 2023

APRESENTAÇÃO
4

UMA FOTOBIOGRAFIA DE MARIELLE FRANCO
6

TEXTOS:

A EMERGÊNCIA DA VIDA - MARIELLE FRANCO
149

"PACIFICAÇÃO PARA QUEM?" - MARIELLE FRANCO
155

O ÚLTIMO DISCURSO - MARIELLE FRANCO
158

CARTA ABERTA A MARIELLE FRANCO, MINHA IRMÃ E MELHOR AMIGA
ANIELLE FRANCO
160

MARIELLE, TE AMO COM A MEMÓRIA, IMPERECÍVEL - MÔNICA BENÍCIO
162

A IMAGEM, O PODER - MARCELO BRODSKY
165

A MAIS LONGA MADRUGADA - ANDRESSA CALDAS
167

MARIELLE, VOCÊ VIVE EM NÓS - MELINA DE LIMA
169

MARIELLE FRANCO E A FOTOGRAFIA POPULAR - JOSÉ ROBERTO RIPPER
171

MARIELLE FRANCO, A MEMÓRIA EM IMAGEM - THAÍS ROCHA
175

MARIELLE, UMA RUA, UM BEIJO - PILAR DEL RÍO
177

AGRADECIMENTOS
179

SOBRE AS FOTOS
183

MARIELLE FRANCO PRESENTE!

Marielle Franco se tornou um símbolo internacional de luta política em diversas pautas contemporâneas, como os direitos humanos, a justiça social e a igualdade de gênero e raça. Um reconhecimento que ocorreu não apenas pelas suas ideias, mas também pela força da sua imagem, de uma mulher negra, favelada, LGBTQIAP+ que se contrapunha, de forma propositiva, às figuras predominantes de um legislativo ainda marcado pela sisudez masculina e branca. Não por acaso, retratos de Marielle tomaram muros e cartazes mundo afora, em constantes homenagens desde a sua morte.

Assim, entendemos que para apresentar de forma ampla a trajetória desta mulher extraordinária, não bastava apenas palavras: era importante mostrar a força visual, as cores vivas que a acompanharam durante todo o seu percurso político. E para isso, nada melhor do que uma fotobiografia.

O presente livro surgiu como uma conjunção de propostas da vereadora e viúva Mônica Benício e do Instituto Marielle Franco e tem como propósito assegurar que a memória e o legado de Marielle jamais sejam esquecidos. É um documento profundo que contém registros pessoais e afetivos para se conhecer um pouco mais sobre a história da Marielle. E também um chamado veemente para que a história não se repita e para que mulheres negras possam ocupar posições de poder com dignidade, respeito e plenitude.

Se esta fotobiografia contou, em seu projeto, com as famílias de Marielle Franco de forma abrangente, teve também a participação generosa de diversas pessoas que contribuíram com fotos e textos. Muitas delas foram companheiras de Marielle durante a sua jornada política. É uma história recontada através de uma cuidadosa seleção de fotografias, imagens íntimas e memórias compartilhadas por suas famílias, amigos, fotógrafas e fotógrafos que registraram a Marielle durante a sua vida. É um livro que narra a sua trajetória desde a infância no Complexo da Maré até a ascensão como uma das principais representantes da luta pelos direitos humanos. Para complementar, as imagens são acompanhadas de fragmentos de falas e depoimentos de Marielle, apresentando na sua própria voz as suas ideias e memórias.

A Fotobiografia de Marielle Franco é mais do que um registro visual de sua vida, é uma ferramenta poderosa para a preservação do legado de Marielle, uma fonte de inspiração e um convite para continuar a luta por um mundo mais justo e igualitário, para mulheres, pessoas negras, faveladas e LGBTQIAP+. É uma jornada compartilhada de ancestralidade, descoberta, reflexão e celebração de uma mulher cujo legado transcende fronteiras.

Gostaríamos de agradecer imensamente a colaboração de todas as fotógrafas e fotógrafos que colaboraram na construção deste projeto, que só aconteceu graças ao esforço de: Suas famílias, Marinete Silva, sua mãe, Antônio Francisco, seu pai, Luyara Franco, sua filha, Anielle Franco, sua irmã, Monica Benício, sua esposa. E aos fotógrafos e amigos; Mayara Donaria, Bernardo Guerreiro, Luna Costa, Leon Diniz, Katiana Tortorelli, Marcelo Brodsky, AF Rodrigues, Maria Buzanovsky, Pedro Prado, Tércio Teixeira, Oliver Kornblihtt/Mídia Ninja, Marcelle Gebara, Joana Diniz/Mídia Ninja, Thaís Alvarenga, Elisângela Leite, Christian Braga, André Mantelli, Renan Olaz/CMRJ, Naldinho Lourenço, Nunah Alle, Patricia Gouvêa, Fernanda Fioravanti, René Junior, Raphael Medeiros, Bárbara Dias, Fernando Frazão, Márcia Foletto e Coletivo Passarinho.

Também gostaríamos de agradecer por todos os esforços de curadoria para reunir e montar toda essa importante obra, feita pelas curadoras e curadores: Mayara Donaria, Thais Rocha, Bernardo Guerreiro, Marcelo Brodsky, Wilson da Costa, Melina de Lima e Sergio Cohn, da Azougue Editorial, nossa parceira nesse projeto. A edição nacional deste livro só foi possível através de uma campanha colaborativa, realizada em parceria com a plataforma Benfeitoria. Agradecemos a Larissa Novais por todo cuidado e atenção. Agradecemos também às pessoas que contribuiram na campanha, cujos nomes estão listados no fim da presente edição. Além da edição brasileira, o livro contará com traduções para diversas línguas, como espanhol, francês e inglês, e edições internacionais com editoras parceiras, se tornando uma plataforma internacional de divulgação das ideias e da trajetória de Marielle.

Antes de tudo, esse livro tem como objetivo honrar a memória de Marielle Franco, compartilhar sua história e construir um futuro mais inclusivo em sua forte inspiração. Marielle não foi e não será interrompida!

Marielle Francisco da Silva nasceu no Rio de Janeiro, em 27 de julho de 1979. Filha de Marinete Francisco e Antonio da Silva Neto, teve uma irmã caçula, Anielle Franco, nascida em 1984. Marielle se dizia "cria da Maré", usando a gíria que se refere a quem nasceu e cresceu em determinado território. O Complexo da Maré é um conjunto de favelas localizado na zona norte do Rio de Janeiro, à margem da Baía de Guanabara. É um dos maiores complexos de favelas da cidade, tendo 16 favelas (Baixa do Sapateiro, Morro do Timbau, Parque Maré, Nova Maré, Nova Holanda, Rubens Vaz, Parque União, Conjunto Esperança, Conjunto Pinheiros, Vila do Pinheiro, Vila do João, Salsa e Merengue, Marcílio Dias, Roquete Pinto, Praia de Ramos, Bento Ribeiro Dantas e Mandacaru) e cerca de 130 mil moradores segundo o Censo de 2010. O avô paterno de Marielle, paraibano, foi um dos primeiros moradores da Maré, ainda na época em que a maioria das casas eram palafitas. A sua casa, ou "tendinha", como chamava carinhosamente, está hoje exposta no Museu da Maré.

A INFÂNCIA NA MARÉ

> "Sou uma mulher negra, mas tenho falado muito que antes de reivindicar e compreender o que era ser uma mulher negra no mundo, eu já era favelada. Nascida e criada na Maré. Para quem não é do Rio e não conhece, a Maré é um Complexo de dezesseis favelas. Complexo porque é um aglomerado e não porque aquele lugar seja mais complexo que outros na cidade, já que estamos falando de uma favela imersa nesse Rio de Janeiro que, portanto, é tão complexa quanto os outros bairros e as outras favelas da cidade."

A PASTORAL E O FUNK

"Até a adolescência, eu era uma jovem favelada. Com mais ou menos 16 anos, estava me entendendo no mundo num tempo e no momento em que tenho uma atuação maior na pastoral da juventude. Tenho uma formação cristã e sou católica, então naquele momento me encontrei nesse lugar das contradições. Fui catequista e isso vai me compondo também enquanto formação. É importante falar disso porque é uma parte que está presente em meu lugar. Com 17 para 18 anos, eu entro num período que estou indo muito a baile funk, sendo adolescente da favela que curte baile, torcida, farra, fugir da igreja pra ir pro baile. Fazendo "adolescentisse", vamos dizer assim."

Marielle cresceu no Conjunto Esperança, um dos vários que fazem parte do Complexo da Maré. Na adolescência, chegou a trabalhar ao lado do pai, além de frequentar um grupo jovem da Igreja Católica e posteriormente participar como dançarina da equipe de funk Furacão 2000, um status cobiçado entre funkeiras no Rio dos anos 1990. Chegou a dançar em rede nacional e manter um caderninho com anotações de todos os bailes funk da cidade.

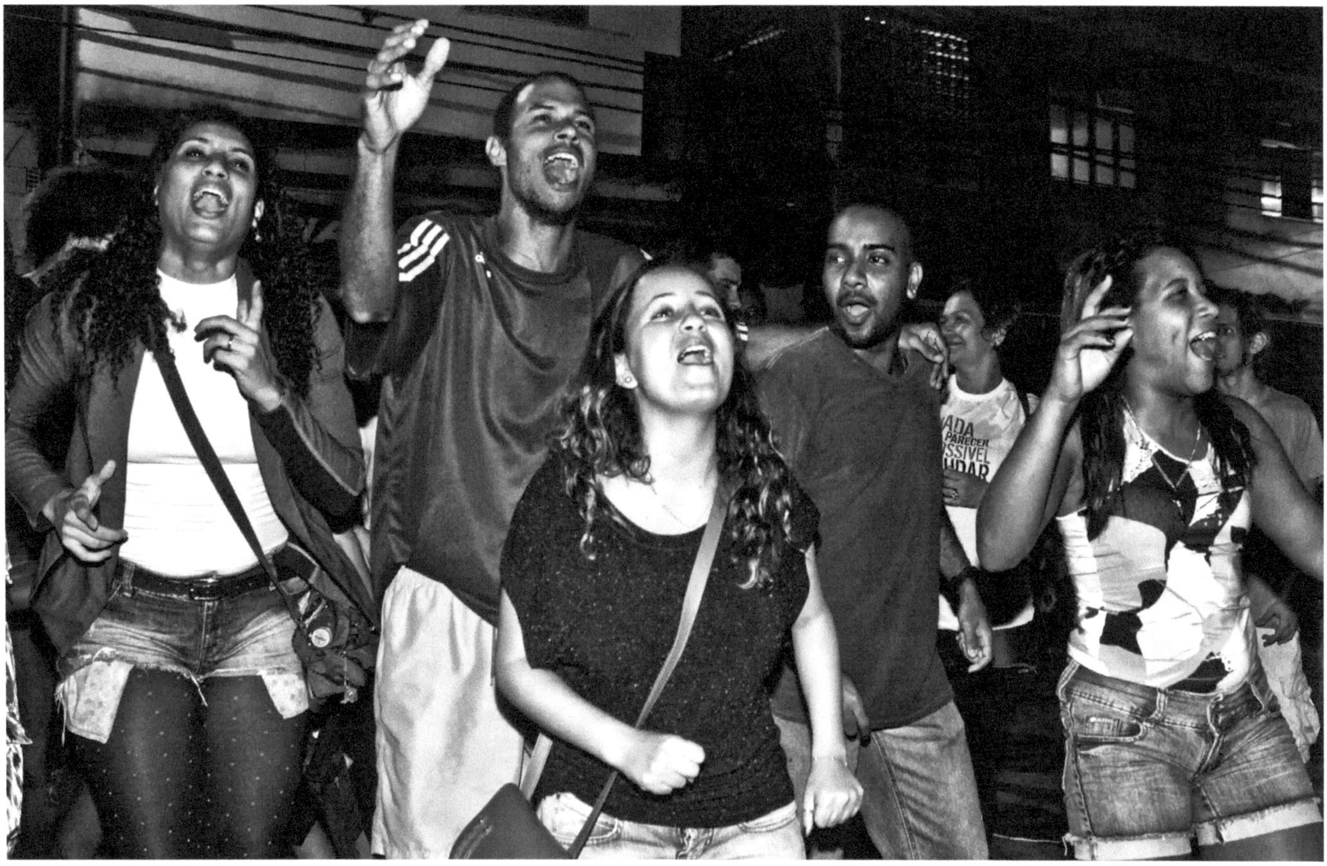
PARECER

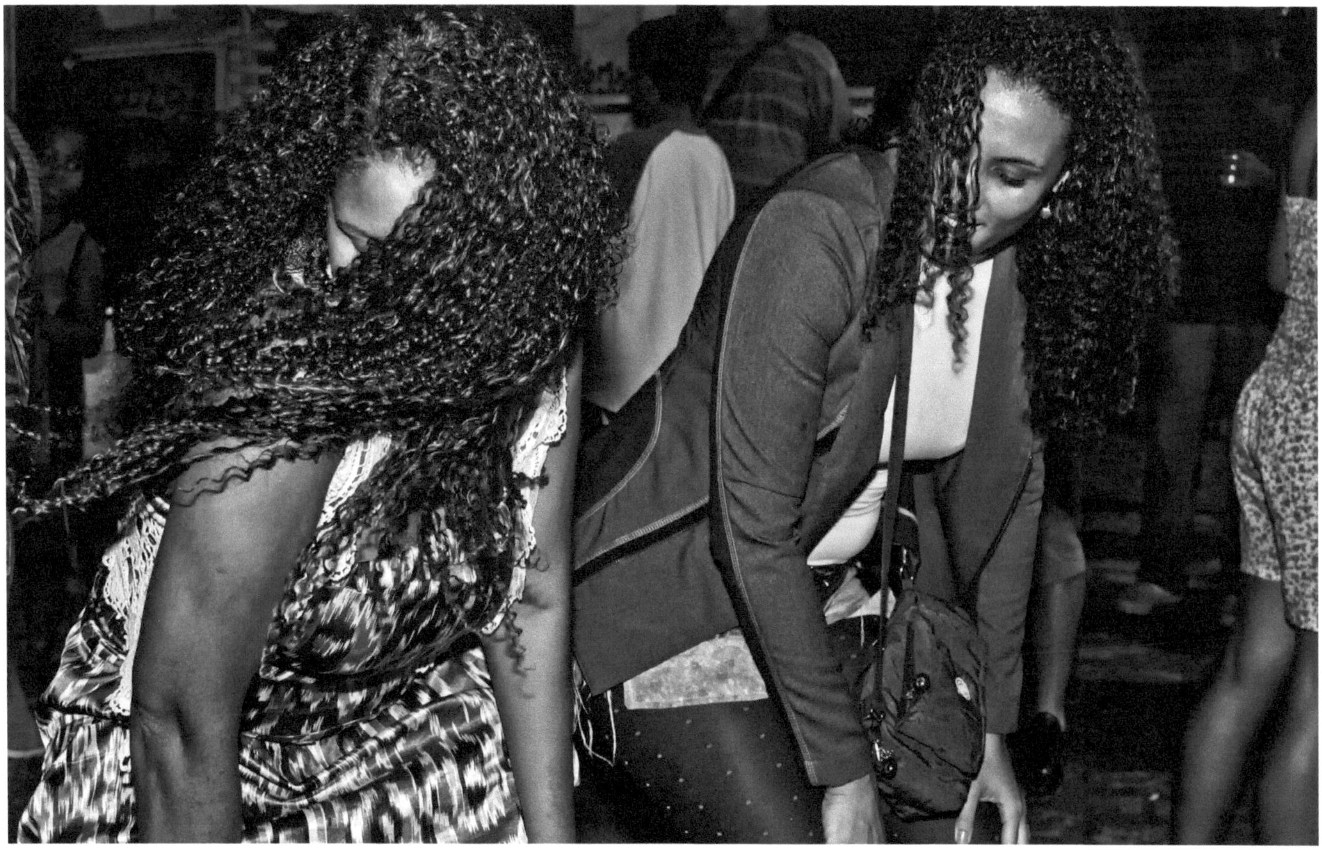

A GRAVIDEZ E O PRÉ-VESTIBULAR COMUNITÁRIO

> "Ao terminar o colégio, me dei conta que não tinha condições, bagagem, currículo acadêmico e escolar pra entrar direto pra universidade. Até tentei, mas não foi possível. Ingressei então em um Pré-Vestibular Comunitário. Em 1998, entrei na primeira turma do pré-vestibular, mas não passei. Aquele também é o ano em que, seguindo a maioria das meninas da favela, não fugindo a regra: engravidei com dezoito anos. Então eu largo estudos, porque mesmo com a mãe ajudando, não tinha como deixar, o foco era cuidar da criança e não tinha ali esse lugar de um pai presente que assumisse suas responsabilidades."

Aos 18 anos, Marielle engravida de Caco, que se tornaria seu marido. O nome da filha, Luyara, foi escolhido após Marielle ver "Uiara" escrito num barco e descobrir que vinha de uma deusa indígena: a senhora das águas. Luyara nasceu em 1998, em uma maternidade pública, estudou em creche pública e viveu seus primeiros anos de vida na Maré. Acompanhou a mãe em todas a sua trajetória, com uma relação de carinho e amizade. Atualmente, Luyara atua como co-fundadora no Instituto Marielle Franco e estuda Educação Física na UERJ. Posteriormente, Marielle teve mais dois importantes relacionamentos amorosos, com Eduardo Alves, que foi chefe de gabinete de Marcelo Freixo e a apresentou para diversos autores socialistas, como Rosa Luxemburgo, e com Mônica Benício, com quem manteve uma longa e intensa relação, só interrompida com a sua morte.

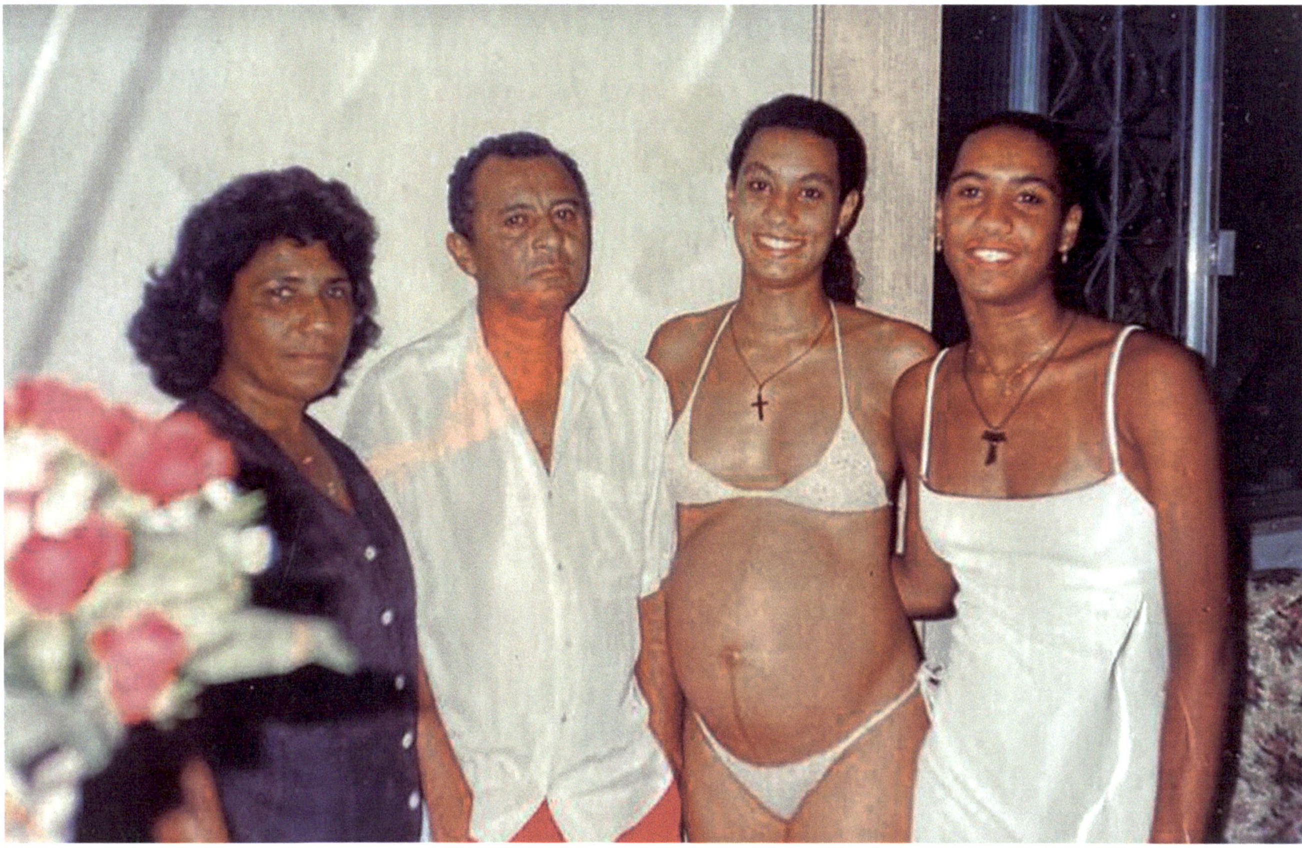

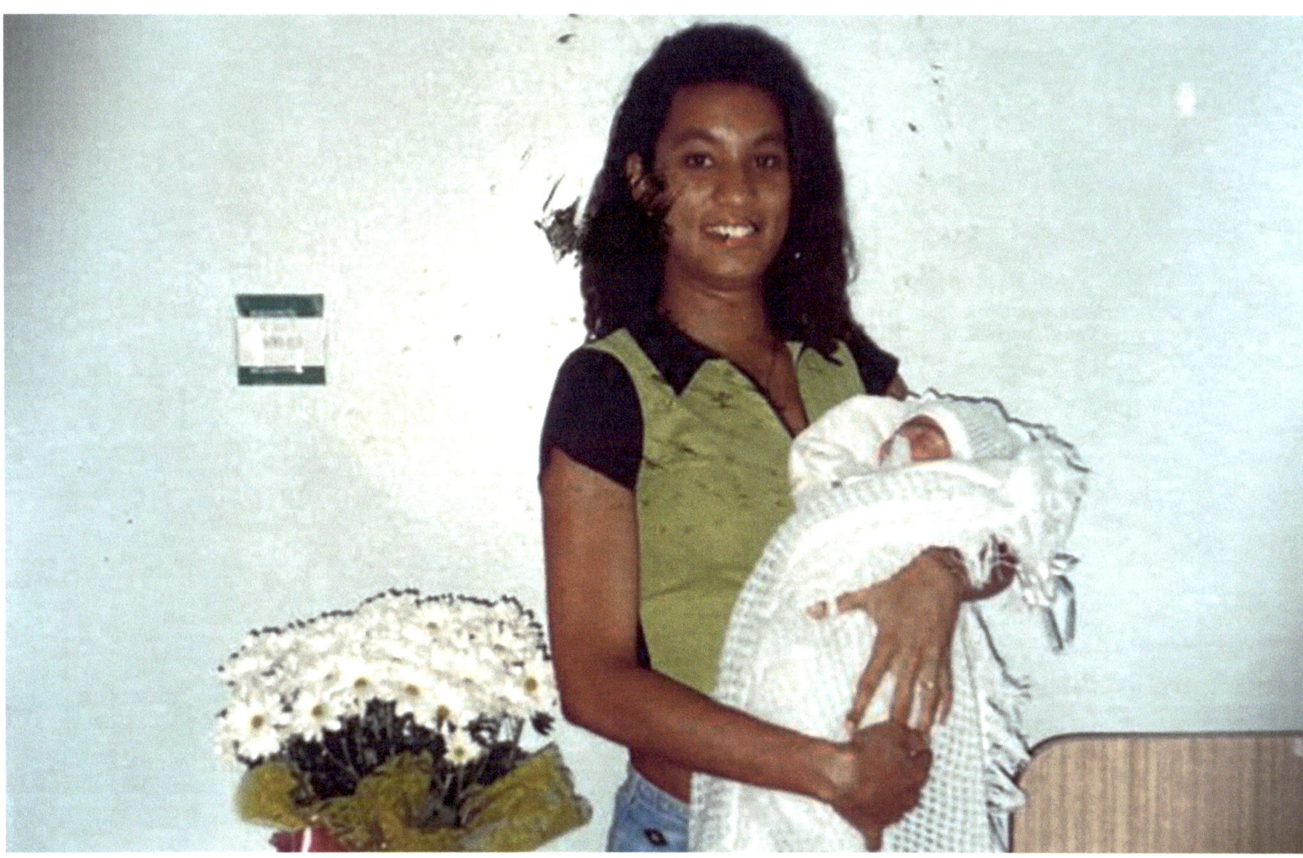

O DESPERTAR DA POLÍTICA

> "Eu desperto para novas maneiras de fazer política no pré-vestibular comunitário, quando me vejo moradora da Maré, com 17 anos, baixa qualidade de ensino e tentando pensar em trabalho. Tinha terminado o ensino médio e, quando engravido, me dou conta do que é a manutenção de uma gravidez na adolescência, sem cuidado, sem perspectiva. Foi uma porrada! Daí vem o lugar da política. Dessa compreensão de que ou eu me movimentava ou ficaria estagnada. Esse campo mais das necessidades, das emergências."

O MOVIMENTO SOCIAL

> " Eu fiquei dois anos fora, casada, vivendo só pra isso, nesse lugar precarizado. Voltei a estudar no pré-vestibular em 2000 e só entrei pra PUC (Pontifícia Universidade Católica) em 2002. Então, não é de imediato. Tem um processo pessoal. Mas quando falo desses dois anos, já estou falando de algo em que o pessoal encontra com o coletivo. Foi também o momento em que me separo do pai da minha filha, porque tinha passado por violências e o lugar de autonomia da mulher não estava colocado na minha relação...

"Quando entro na PUC para fazer Ciências Sociais, é um lugar pessoal que virou coletivo, porque, por exemplo, volto a dar aulas na pré-escola. Volto a trabalhar numa ONG, o CEASM (Centro de Estudos e Ações Solidárias da Maré), que dá frutos, um deles o Observatório de Favelas. Sou da primeira turma do CEASM. A elaboração do CEASM é de agosto de 1997, com o pessoal da Informe, da época da Igreja, quando ainda havia muito lugar para as comunidades eclesiais de base, da "Pastoral da Juventude". Muita gente do PT, dos áureos tempos. Então, esse debate da política para mim começa com o movimento social, com esse lugar do pré-vestibular comunitário e na medida em que vou entendendo processos políticos mais amplos."

O Centro de Estudos e Ações Solidárias da Maré, o CEASM, é uma ONG formada em 1997 por moradores e ex-moradores do complexo de favelas que, depois de terem ingressado no ensino superior, desejavam ajudar outras pessoas a trilharem o caminho à faculdade. Em 1998, os voluntários ocuparam o salão vazio de uma igreja católica para ministrar aulas gratuitas de preparação ao vestibular. Após estudar no CEASM, Marielle entra na PUC-Rio, uma universidade privada e de alta mensalidade localizada na Gávea, na Zona Sul do Rio de Janeiro. A partir de 2004, com a criação, pelo Governo Lula, do PROUNI, o Programa Universidade Para Todos, Marielle recebe uma bolsa integral de estudos que a possibilita se formar na universidade.

MENOS CAVEIRÃO,

> No começo dos anos 2000, as incursões nas favelas crescem, com o lugar do debate do armamento e o debate da segurança pública vindo mais à tona. Em 2006, tem a campanha "Não quero meu dinheiro no caveirão, quero meu dinheiro na educação", se referindo ao caveirão, que é o carro blindado usado pela polícia para invadir a favela, por conta do alto investimento em segurança pública e não no direito, por exemplo, do favelado de ir e vir e ter direito a educação. Eu tinha perdido uma amiga em 2005, colega de pré-vestibular, que tinha passado para Economia na

MAIS EDUCAÇÃO

UERJ (Universidade do Estado do Rio de Janeiro). Morreu próxima a casa dos meus avós. Meu avô paterno é um dos primeiros moradores da Maré. Então, você está num lugar que o tráfico sabe por onde sair e a polícia sabe por onde entrar. Quando a Jaqueline morreu, a gente se perguntava: "Podia ter sido eu?". E aí fizemos campanha contra o Caveirão e fomos entendendo desse debate da segurança pública, que eu fui aprofundando ao longo do tempo. Como é que tem um veículo policial que chega atirando e mata pessoas, por mais defesa da vida dos policiais que se faça? Como isso é possível? "

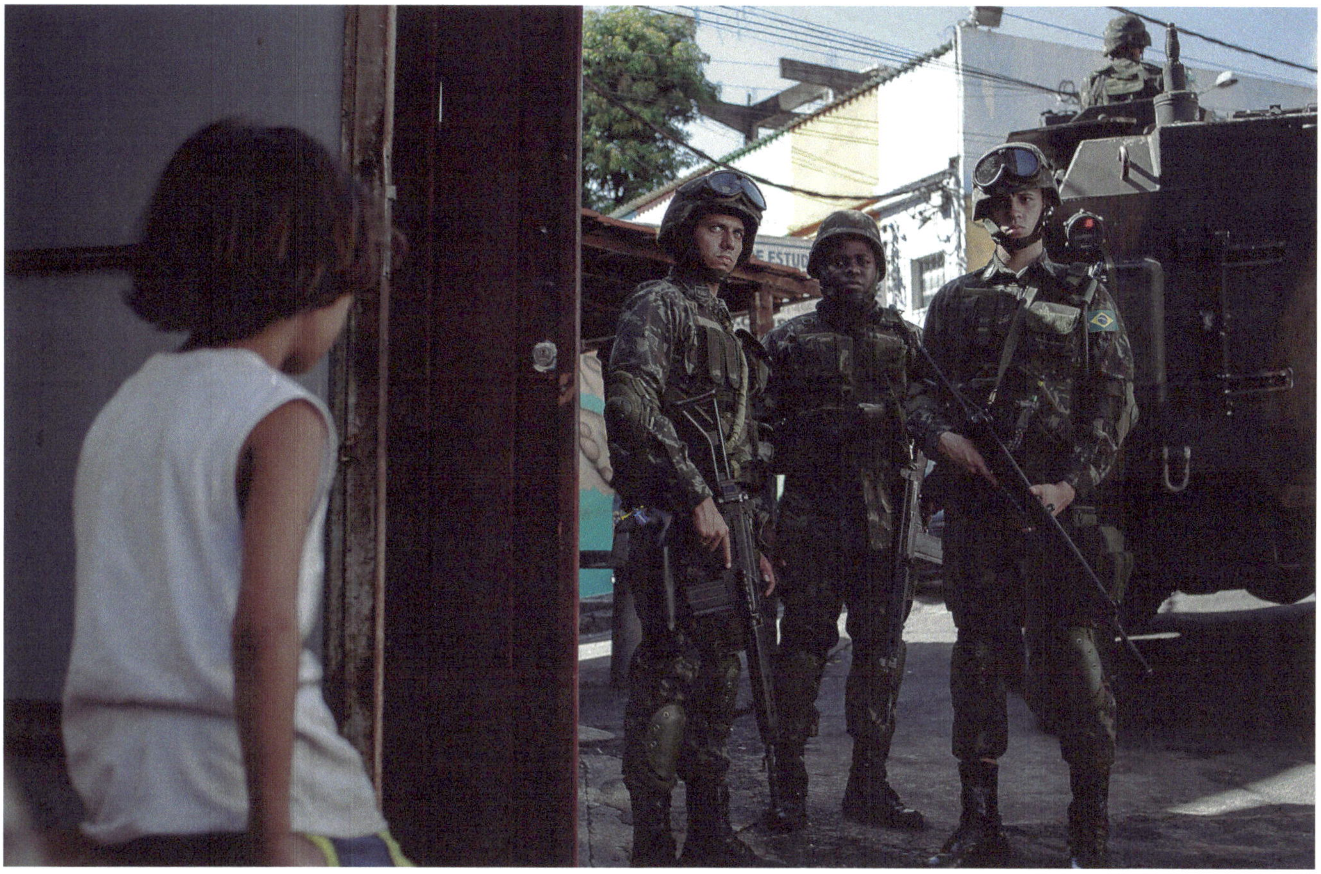

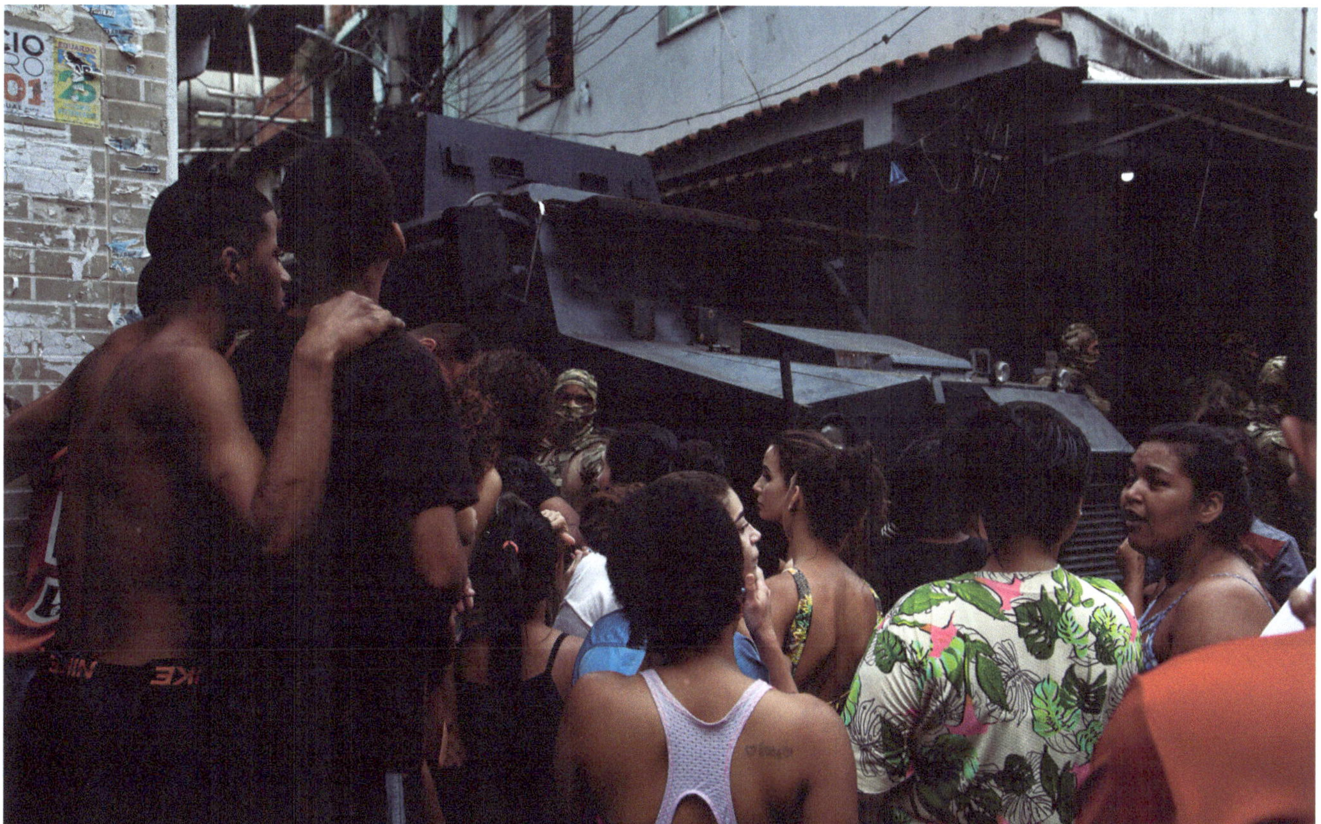

PSOL

"Em 2006, também tem a primeira eleição do PSOL. Eu já tinha ajudado a recolher assinaturas para fundar o partido e resolvo fazer campanha de um cara que é professor de História e defendia o direito à vida, principalmente essa vida da favela, o Marcelo Freixo. Eu já o conhecia, já tinha dado aula regular pra minha irmã e me deu aulas pontuais no Pré-Vestibular, então foi meu professor num momento. Nós não tínhamos essa relação direta, essa relação era meio pela perspectiva da política pública, de quem estava pensando esse lugar na favela. Então, Marcelo é eleito como Deputado Estadual e fui trabalhar com ele pela perspectiva dos movimentos sociais e debate de favelas."

O PSOL - Partido Socialismo e Liberdade foi criado em junho de 2004, como uma dissidência do Partido dos Trabalhadores, por discordar de alguns posicionamentos do partido, como a Reforma da Previdência proposta então pelo governo. Com o alegre logo de um sol vermelho e amarelo criado pelo cartunista Ziraldo, o PSOL se consolidou nas décadas seguintes como a principal alternativa de esquerda na política partidária brasileira.

ASSESSORIA PARLAMENTAR

"Quando me tornei assessora parlamentar do Marcelo Freixo foi muito importante para mim porque de repente eu estou dentro da ALERJ (Assembleia Legislativa do Estado do Rio de Janeiro), participando de um jogo político e entendendo o que é o trabalho político. O grupo que fez campanha na Maré indicou o meu nome. O Marcelo queria alguém de favela para a coordenação e essa pessoa devia ser de um trabalho coletivo. Estava terminando a graduação na PUC, em 2007, e me perguntando o que era essa vida na favela. O final da minha defesa de conclusão de curso era sobre desigualdade de renda, principalmente sobre a vida da favela. As próprias diferenças da Maré, os próprios conflitos que haviam lá dentro. Trabalhar com o Freixo foi o marco, não só da minha história pessoal, óbvio, por ser assessora parlamentar e ao que tenho acesso depois disso — condições e objetivos de vida, salário, trabalho. Mas também do impacto na vida da cidade do Rio de Janeiro, do debate que a gente faz a partir daí sobre milícia e segurança. Para mim, ali é o corte desse debate de uma política que vivemos até hoje."

Marcelo Freixo é político e professor de história. Durante as duas primeiras décadas do século XXI, foi um dos mais importantes políticos do PSOL, tendo sido o deputado estadual mais votado no Brasil na eleição de 2014. Teve participação importante com parlamentar, presidindo a Comissão de Defesa de Direitos Humanos e Cidadania da Assembléia Legislativa do Rio de Janeiro e a Comissão Parlamentar de Inquérito das Milícias do Rio de Janeiro. Além disso, foi candidato a prefeito do Rio de Janeiro, em 2012 e 2016, e a governador do estado, em 2022 (desta vez já por um novo partido, o Partido Socialista Brasileiro - PSB).

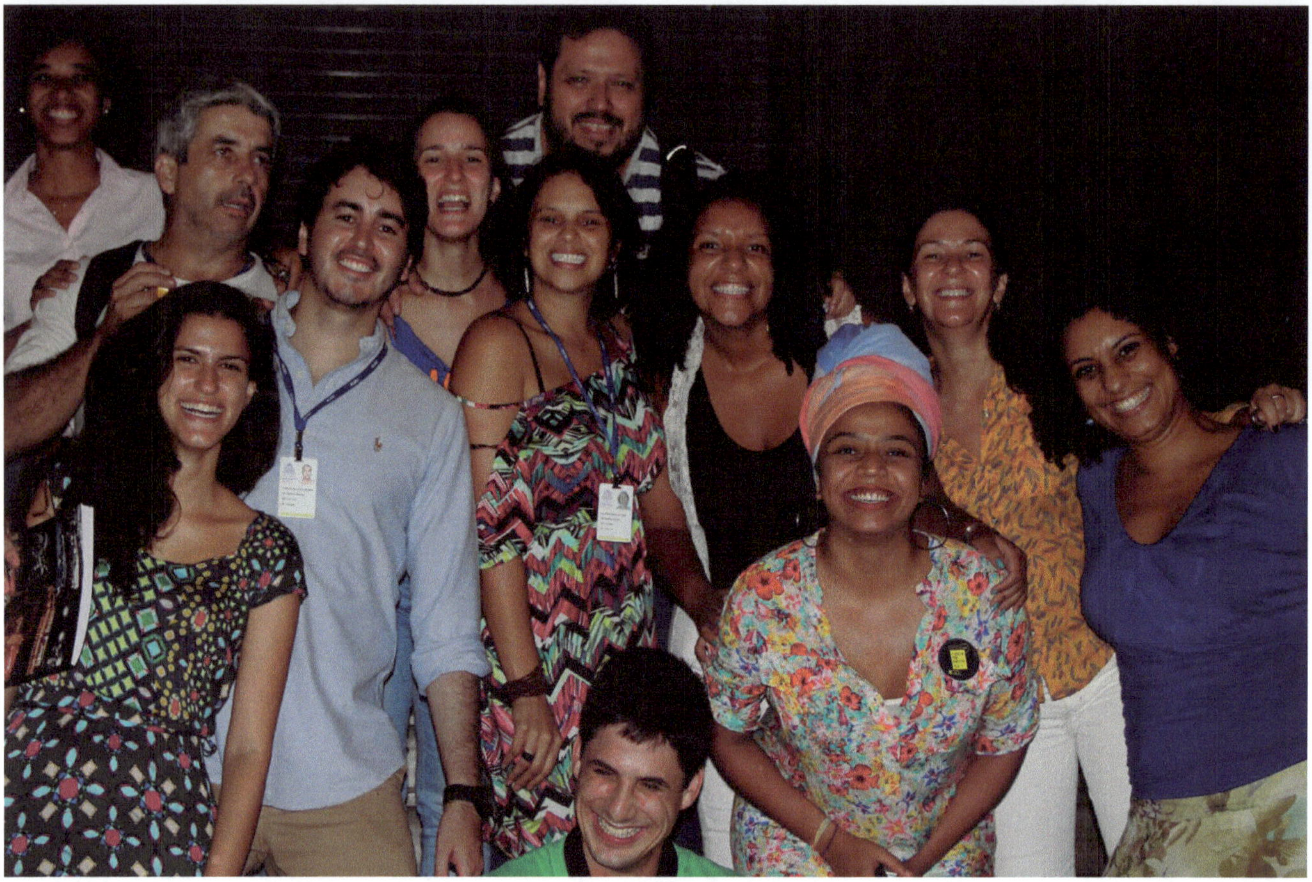

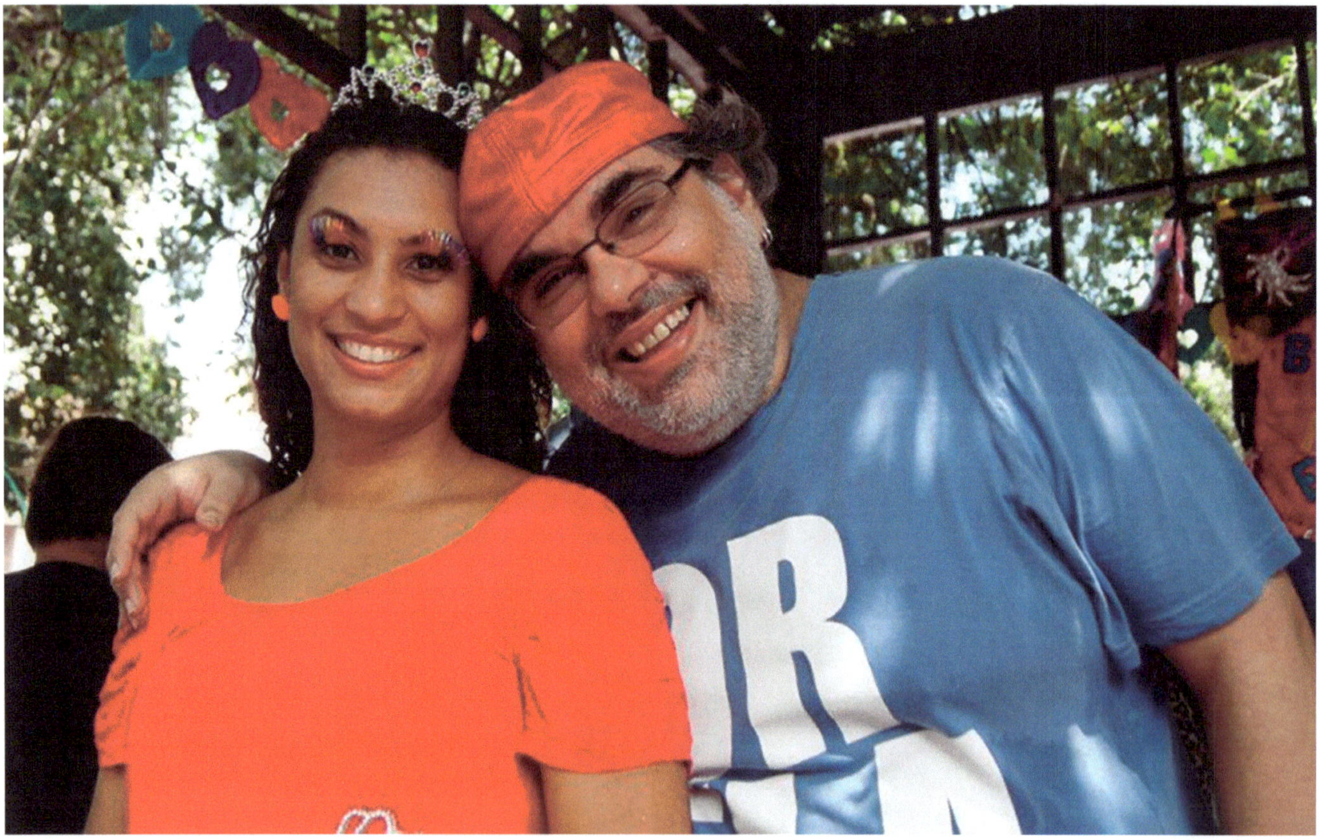

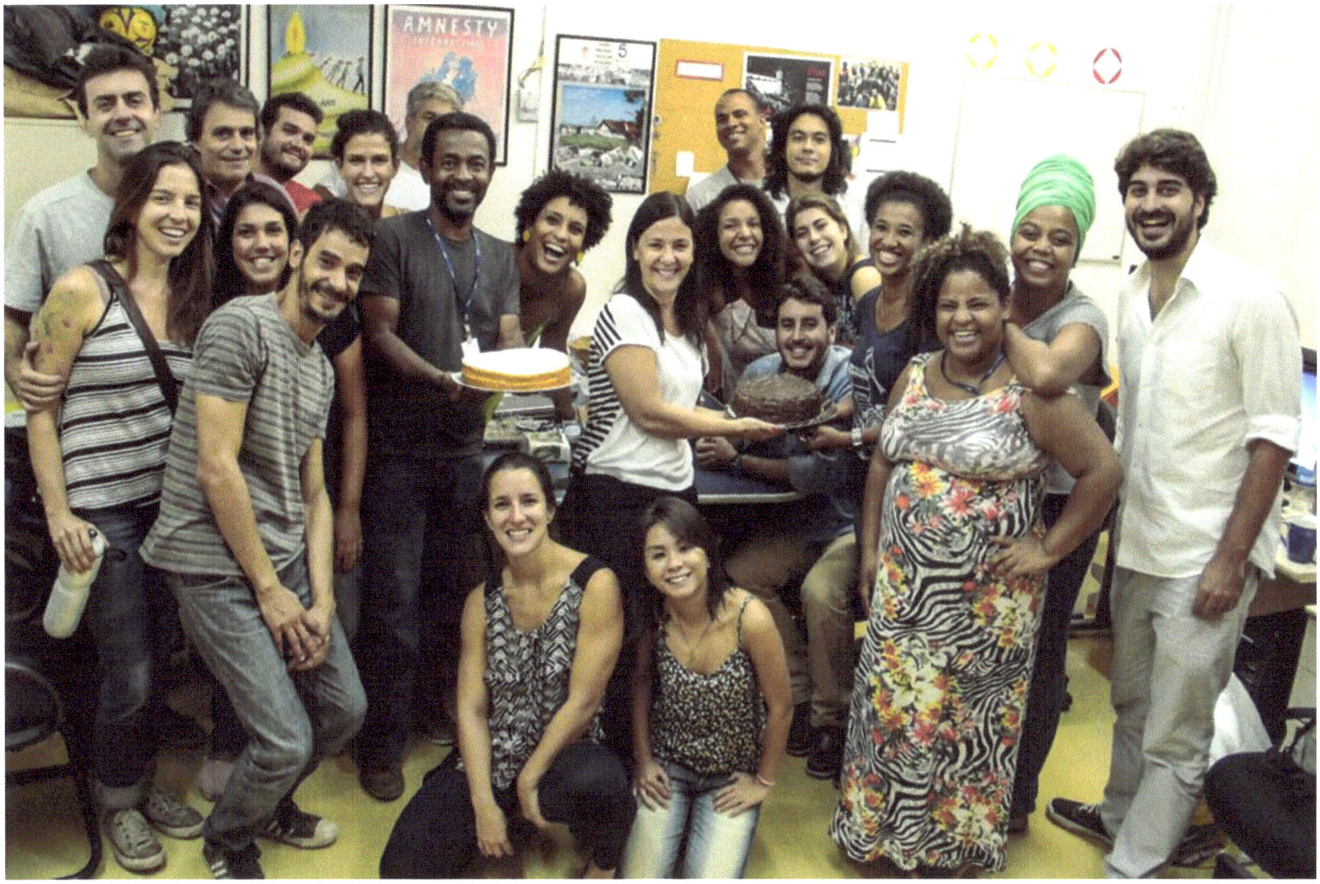
AMNESTY

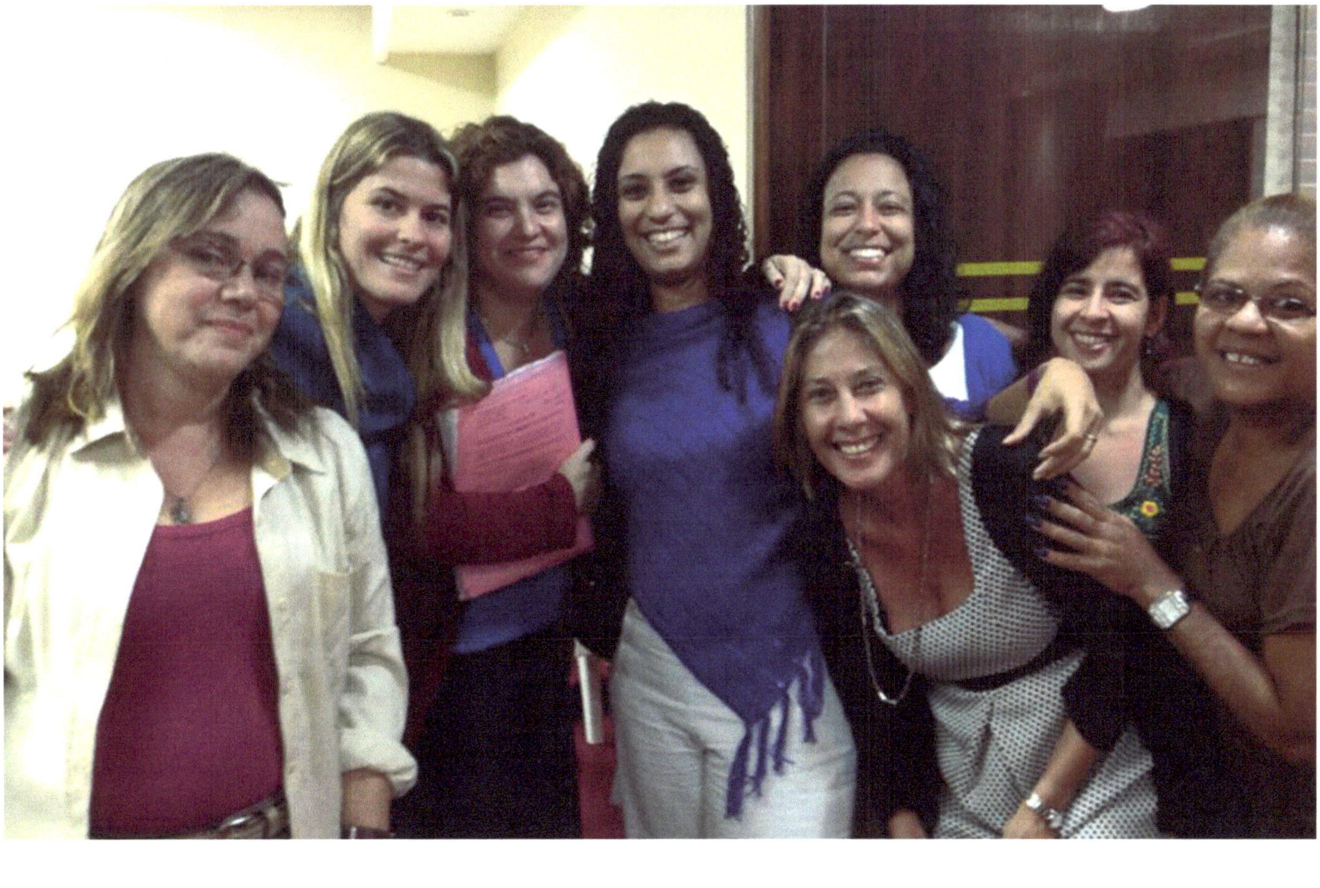

COMISSÃO DE DIREITOS HUMANOS

" Em 2009, assumimos a Comissão de Direitos Humanos da ALERJ, e de 2012 até 2016 coordenei a Comissão. Ali, pude atuar na questão do homicídio de jovens negros. É um tema muito complexo, porque está nos três níveis do Legislativo: municipal, estadual e federal. O que eu penso é que temos que deixar essa juventude negra menos vulnerável. Hoje, um menino negro e favelado tem uma propensão à morte muito maior do que um menino branco e da Zona Sul. Não estou falando isso para hierarquizar a dor. São constatações, dados. O agente público tem responsabilidade sobre essa juventude. Tem que disputar, pensar oportunidades, dar ofertas e alternativas. E a sociedade precisa comprar essa briga junto. Os índices de homicídios não podem aparecer e figurar apenas como estatísticas. São famílias, são vidas, são histórias. Fico muito esperançosa e na expectativa, porque temos falado muito sobre geração de emprego e renda atualmente, sobre cultura. A cultura não é só entretenimento. Você tem uma produção de cultura na favela muito grande, e isso precisa ser valorizado. A cultura é uma das formas de se disputar essa redução de homicídios da juventude negra. "

Em 2006, Marielle fez parte da campanha que elegeu Marcelo Freixo à deputado estadual do Rio de Janeiro. Atuando como assessora parlamentar, foi coordenadora da Comissão de Defesa dos Direitos Humanos e Cidadania da Assembleia Legislativa do Rio de Janeiro (CDDHC/Alerj), presidida por Marcelo Freixo. O seu trabalho na Comissão foi marcado pela extensão do trabalho de acompanhamento, não se restringindo somente às vítimas diretas, mas também às suas famílias. Assim como, posteriormente, aos policiais e agentes de segurança pública vítimas de violações.

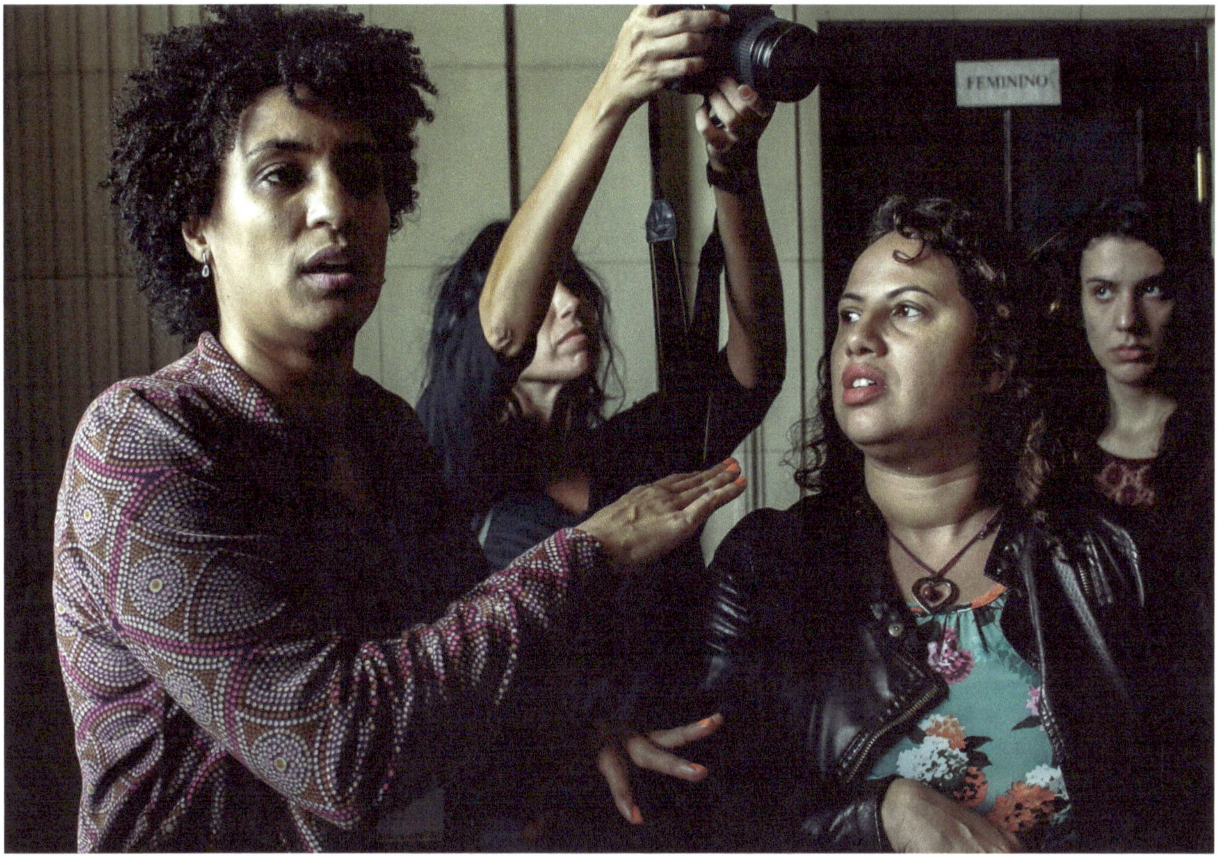
FEMININO

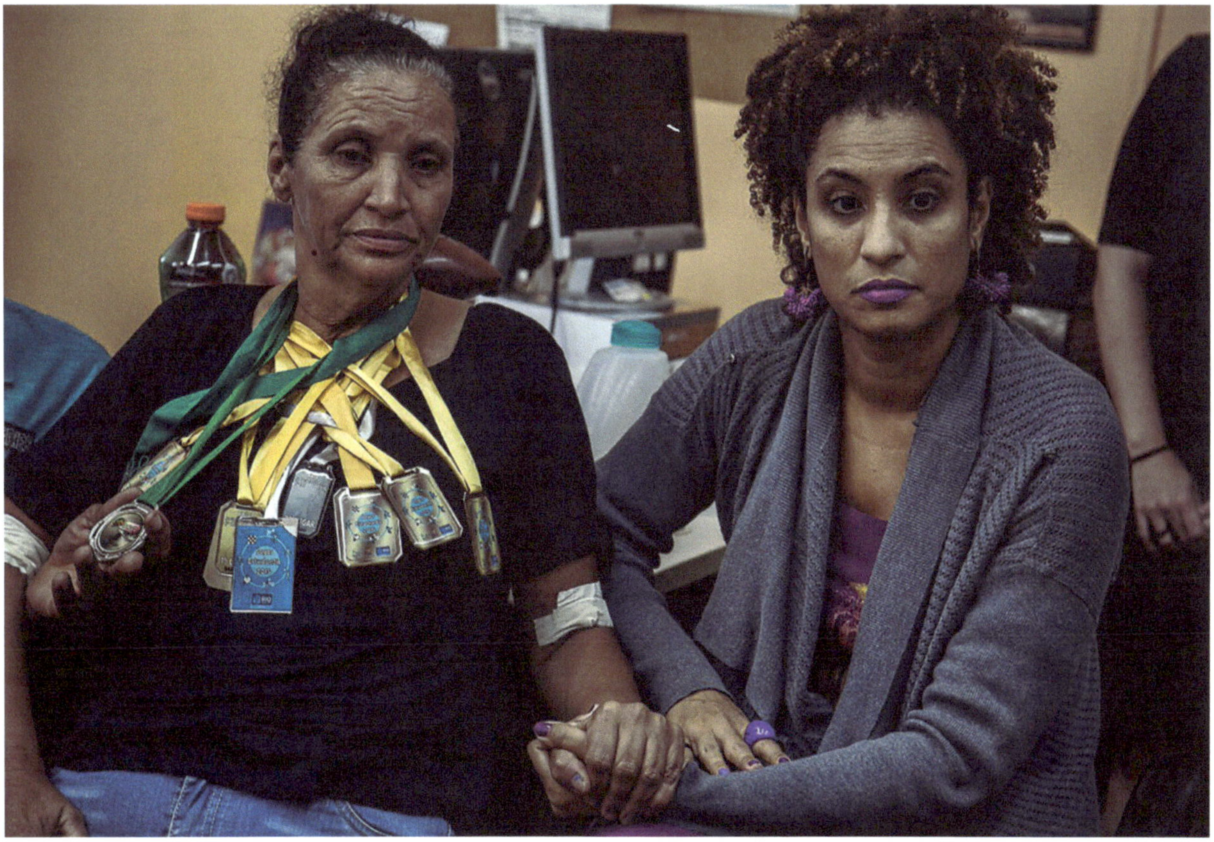

UPP: A REDUÇÃO DA FAVELA A TRÊS LETRAS

> Em março de 2014, eu defendi a minha dissertação de mestrado, "UPP: a redução da favela a três letras", com orientação da professora Joana D'Arc Fernandes Ferraz. A minha proposta foi analisar e demonstrar como as Unidades de Polícia Pacificadora (UPPs), enquanto política de segurança pública adotada no estado do Rio de Janeiro na época, reforçam o modelo de Estado Penal, absolutamente integrado ao projeto neoliberal. Ainda que tragam diferenças, centradas na substituição das conhecidas incursões policiais por um modelo de controle e ocupação de território por armas oficiais, esse fato não significa necessariamente uma alteração profunda da política em curso. Cabe destacar que a política estatal de combate às drogas e à criminalidade violenta nesses territórios das favelas é caracterizada por estratégias de confronto armado contra o varejo do tráfico, em que as incursões policiais ou a permanência nesses locais reforçam a iminência de confrontos e cerceamento da vida cotidiana. Para tanto, incorpora-se a demonstração de que o discurso de "guerra contra as drogas" e de controle dos territórios são iniciativas para conquistar o apoio do conjunto da cidade com uma alusão à paz. Sobretudo, através de recursos ideológicos como instrumentos fundamentais para conquistar a opinião pública e o senso comum, a fim de sustentar as contradições desta política. Não há "guerra" nesse processo. O que de fato existe ou está indicado é uma política de exclusão e punição dos pobres, que está escondida por trás do projeto das UPPs.

Alguns anos depois da sua graduação, Marielle ingressou no programa de mestrado em Administração Pública da Universidade Federal Fluminense (UFF). Em 2014, tornou-se mestra defendendo a dissertação intitulada "UPP - A redução da favela a três letras: uma análise da política de segurança pública do Estado do Rio de Janeiro". A análise de Marielle Franco compreende os anos entre 2008 e 2013, com foco na perspectiva das favelas, em especial o Complexo da Maré. O debate em torno da segurança pública e do militarismo abrangeu não só sua trajetória acadêmica como política. Em 2018, quando o presidente Michel Temer assinou um decreto de intervenção federal na segurança do Rio de Janeiro e colocou o general Braga Neto como interventor, Marielle foi nomeada pela Câmara dos Vereadores relatora da Comissão Especial de Acompanhamento da Intervenção Federal.

#IntervençãoÉFarsa

BUSCA POR REPRESENTATIVIDADE

> "Eu decido sair candidata quando passo a entender que o lugar da viabilidade das mulheres em alguns espaços de decisão eram importantes. Eu ia, por exemplo, para debates na Secretaria de Segurança Pública, e tinha sempre uma fala do pesquisador, do homem, do policial ou do ex-alguma coisa. Vivenciei isso algumas vezes, entendendo que eu ficava incomodada, mas é aquela coisa, a gente vive em uma sociedade machista em que precisamos ir buscando novas formas de fazer. Foi com o tempo que eu entendi melhor isso. Alguém se incomodava se tinha mulher ou não na mesa? Imagina! Se tinha mulher no lugar de um posto de decisão? Não! Isso é algo recente."

A questão da representatividade na vida pública brasileira sempre foi importante para Marielle. Ela sempre questionou a invisibilidade das mulheres negras, não apenas como representantes políticas, mas como figuras históricas. Neste sentido, disse que foi surpreendente o tempo que demorou para descobrir que Lélia González, uma das maiores pensadoras do feminismo negro, havia sido diretora do departamento de Sociologia e Política da PUC, onde ela havia estudado. Da mesma forma, sempre salientava o fato de que não se poderia esperar mais 10 anos para a eleição de outra mulher negra na Câmara do Rio de Janeiro com pautas progressistas, fazendo referência ao período entre as eleições de Benedita da Silva (1982), Jurema Batista (1992) e sua própria eleição (2016).

FORA CUNHA
CADEIA CUNHA
BASTA
Machismo

No Cunha dos outros é refresco!!!
BASTA
PL5069
#FORA CUNHA
DIA MUNDIAL DE COMBATE A VIOLÊNCIA CONTRA A MULHER
#FORA CUNHA #FORA PEDRO PAULO #PELA LEGALIZAÇÃO DO ABORTO
#MULHERES CONTRA CUNHA #NÃO AO PL5069

A CAMPANHA PARA VEREADORA

"Eu atribuo o fato de ter sido a única candidata de favela eleita no Rio de Janeiro ao fato de que eu não fiz campanha só na favela. Por mais que eu seja favelada, meu mandato é para além da favela. Existe uma prioridade das políticas da favela, mas essa vocação é mais ampla, porque os diálogos precisam ser mais amplos. É importante a gente ampliar repertório, formas de falar, linguagem. Se eu tivesse ficado só na favela, talvez não fosse o suficiente. Essa ainda é uma análise prematura, porque é tudo muito recente, mas a coordenação da nossa campanha atribui a eleição também ao debate das mulheres e de negritude. Não havia só um foco na favela. Nosso material de campanha era baseado no lema do ubuntu, "Eu sou porque nós somos". Tínhamos o debate da mulher e da mulher negra, por exemplo, sempre de maneira interseccional, falando de um diálogo. A síntese desse lema é exatamente isso. A minha vida está em risco quando a vida de outro favelado também está. A minha vivência enquanto mulher negra é estigmatizada porque outra menina negra também é. Eu fico feliz pelo fato de que na favela podemos usar esse espaço da rua, do brincar, porque isso constrói convivência e não apenas tolerância. Isso se dá nesse sentido de ampliar o diálogo, e foi assim que tivemos 46.502 votos: por conta de um debate mais amplo do que comporta o espaço de favela."

Marielle se candidatou a vereadora da cidade do Rio de Janeiro nas eleições de 2016. Mulher na rua, na luta e na raça, #MulheRaça, foi o slogan escolhido para sua pré-campanha. Durante a campanha, utilizou o lema "Eu sou porque nós somos", inspirado no provérbio africano "Ubuntu", para anunciar uma construção coletiva da campanha e do futuro mandato. Marielle foi eleita com 46.502 votos, a quinta parlamentar mais votada da cidade do Rio de Janeiro e a segunda mulher com mais votos daquela eleição. Ela sempre salientava que, de todas as urnas apuradas, em 100% delas foram computados votos no seu número de cadastro, 50777. Ou seja, ela conseguiu atingir eleitores em toda cidade.

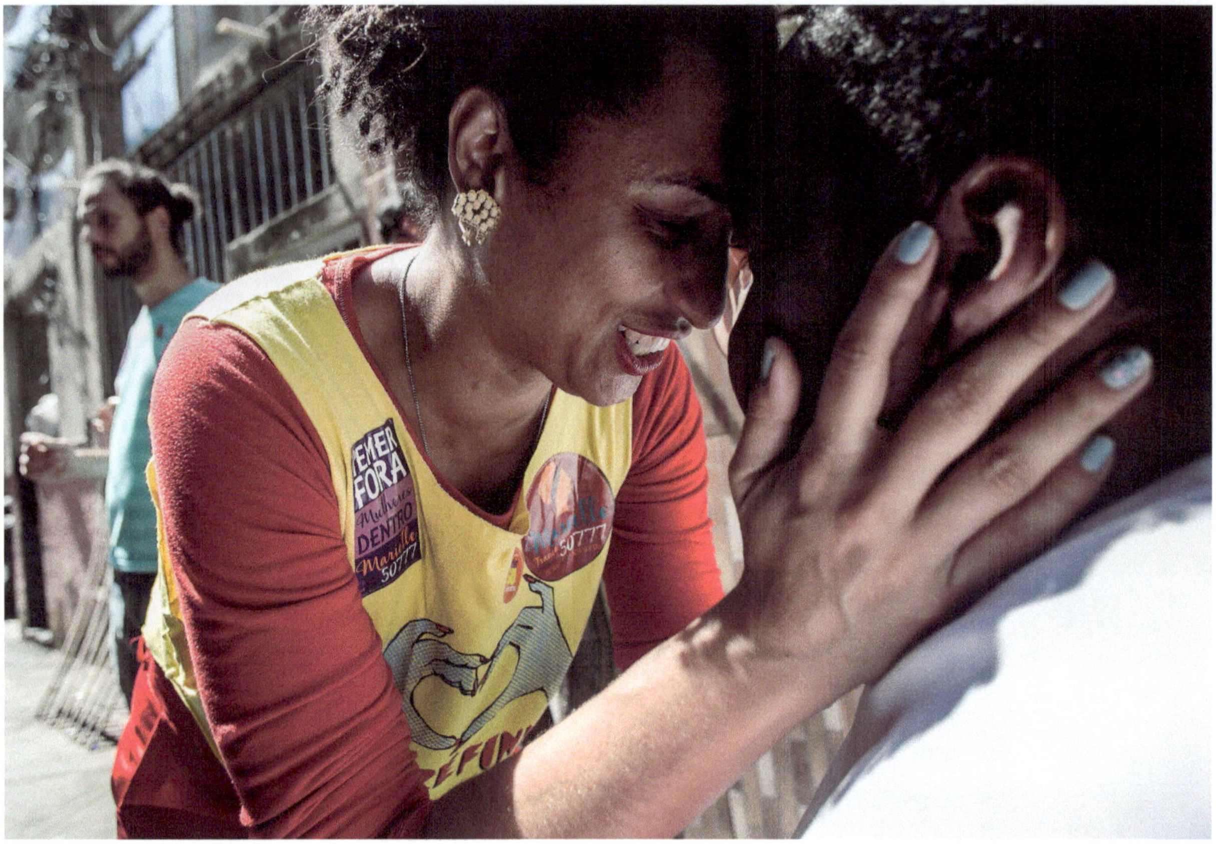
FORA
Mulheres
DENTRO
Marielle
50777

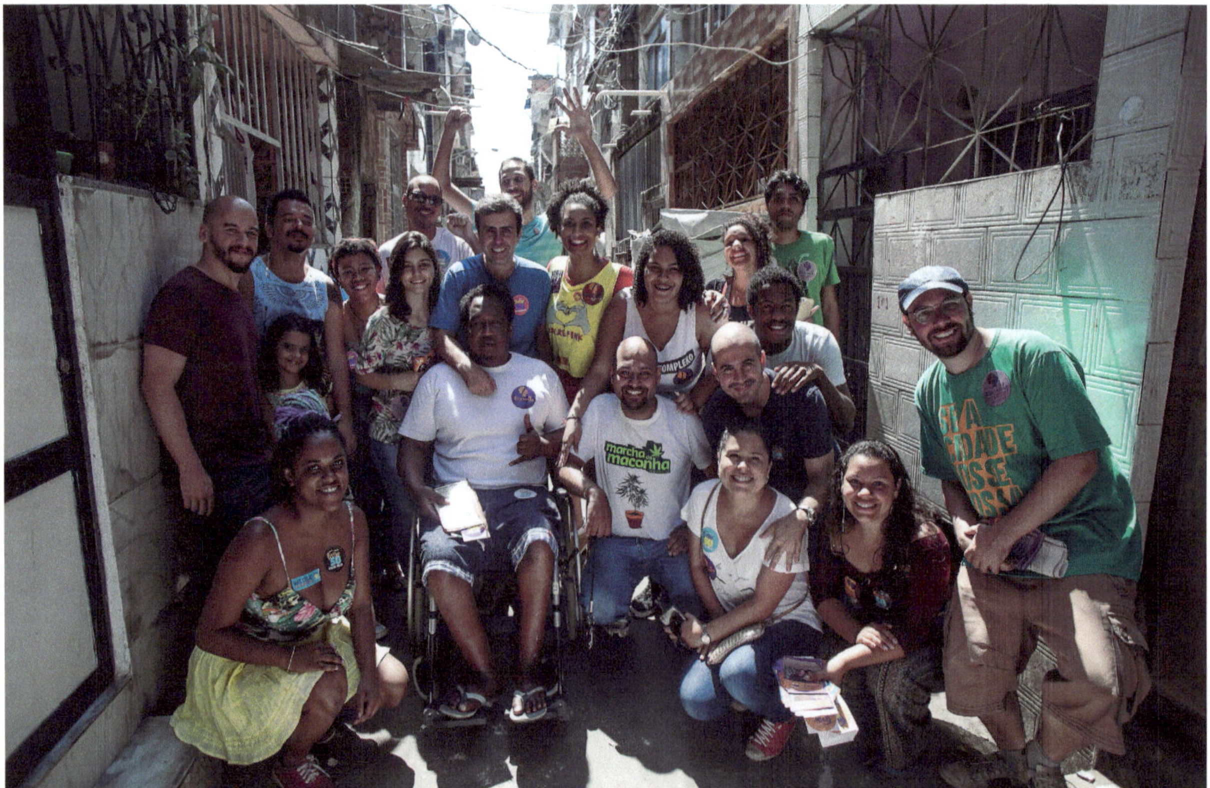
marcha
maconha

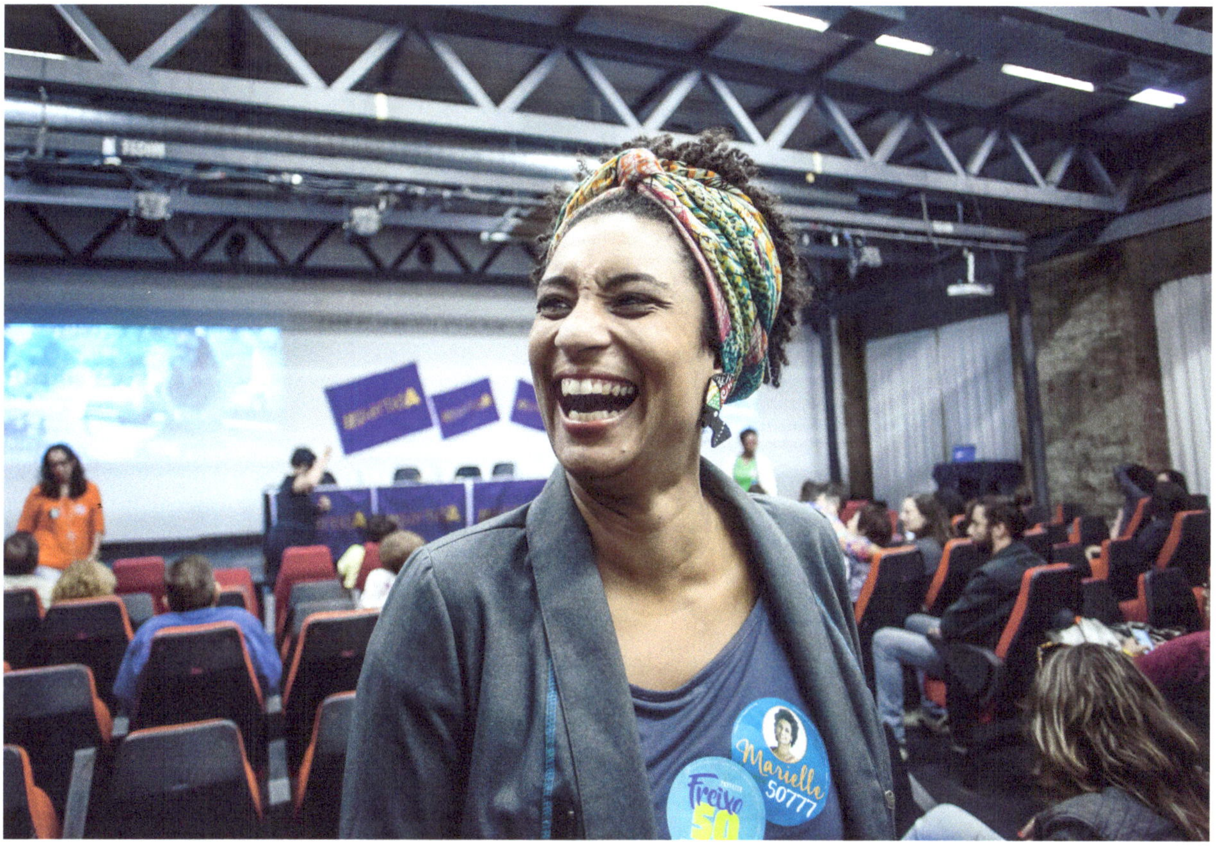
Marielle
50777
Freixo
50

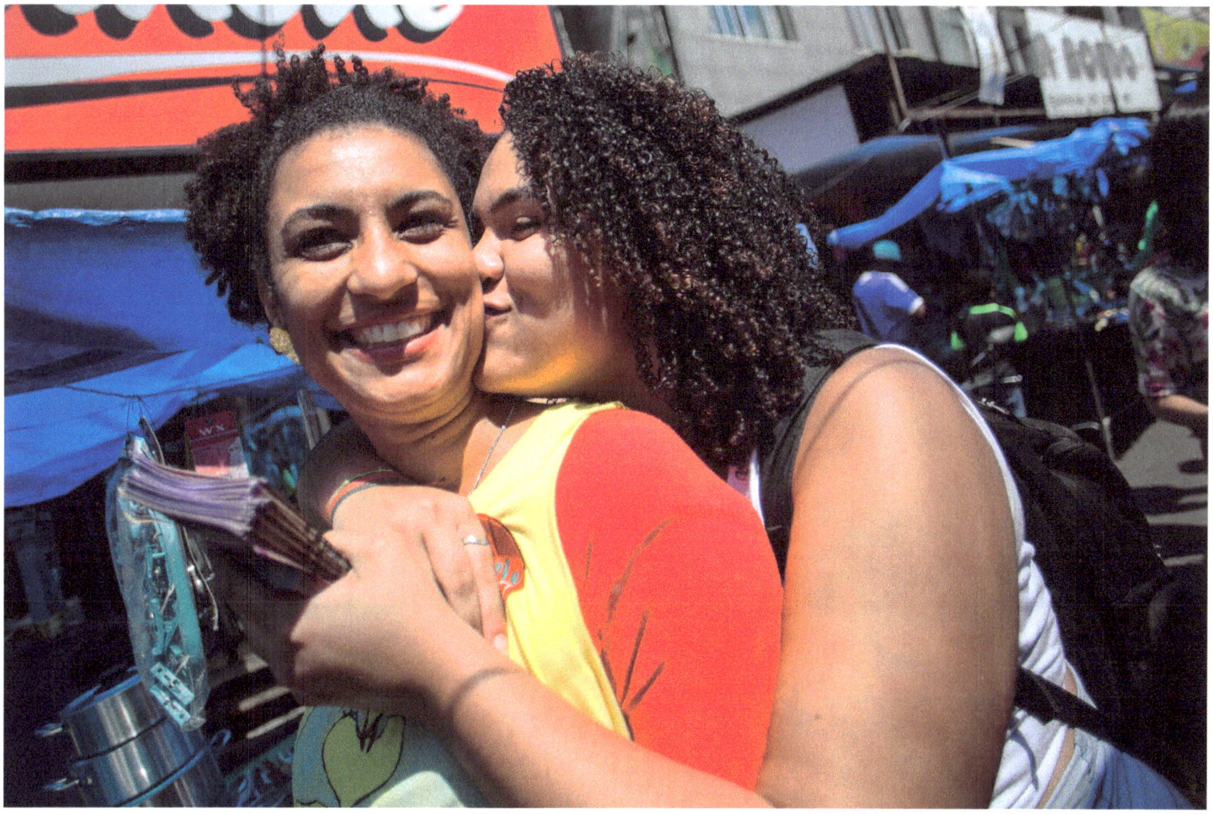

MANDATA

> Eu entrei nesse campo da política e nesse debate com o fundamento do gênero, da favela e da negritude. Então isso me compõe e isso está hoje colocado no gabinete. Seja na pauta da política, seja simbolicamente. Então temos uma maioria de mulheres, nós somos 20 e tantas mulheres, a gente tem mais da metade disso de negritude, a gente tem gente da favela e isso é para mim o lugar da representatividade. Não sou só eu, o lugar da vivência de mulheres mães, por exemplo, está aqui dentro, e pais que cuidam das suas filhas ou de seus filhos. Então agora no 15M (15 de março), onde apoiamos a paralisação contra a Reforma da Previdência e várias escolas tiveram o dia de paralisação, tinham pelo menos umas três, quatro crianças aqui no gabinete que não tiveram a sua escola com funcionamento regular, e a gente entendendo que é um direito dos profissionais em paralisação e também o direito da mãe ou do pai de estar com o seus filhos, no momento de trabalho desses pais e mães, as crianças vieram acompanhar. Então, não é uma representatividade etérea que vai estar lá no alto, pairando sobre "é importante agora no século XXI que as mulheres possam usar o seu batom roxo com cabelo rosa", que talvez fosse impensável há décadas atrás. Passa pelo simbólico, que elas possam usar tudo isso, mas passa também por objetividade, passa por uma maioria numa coordenação que tem mulheres, passa por essa disputa que a gente quer fazer simbólica e objetiva.

Ficou conhecido como "mandata" o trabalho coletivo de Marielle como vereadora, assumindo nesse termo a postura coletiva e inovadora que trouxe desde a sua campanha, com especial atenção para uma atuação política feminista, em defesa da população negra, LGBTQIAP+ e de favelas. Assim, constituiu uma equipe majoritariamente feminina (mais de 80% eram mulheres), negra, com moradoras/es de favela, LGBTs e mães. Nomeou Lana de Holanda, mulher trans, primeira assessora na história da Câmara do Rio de Janeiro a conseguir o direito ao nome social em seu crachá funcional. Desta forma, trouxe para o próprio fazer político as suas ideias e proposições.

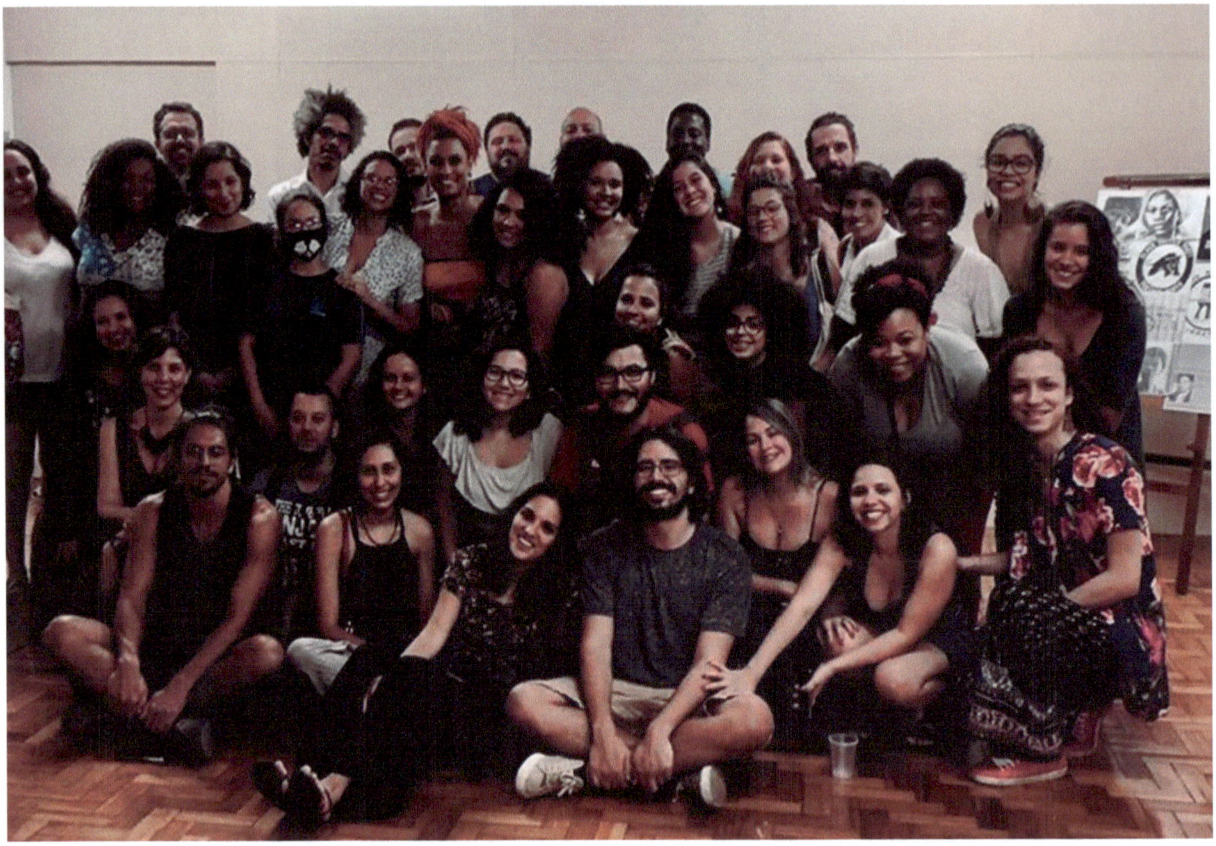

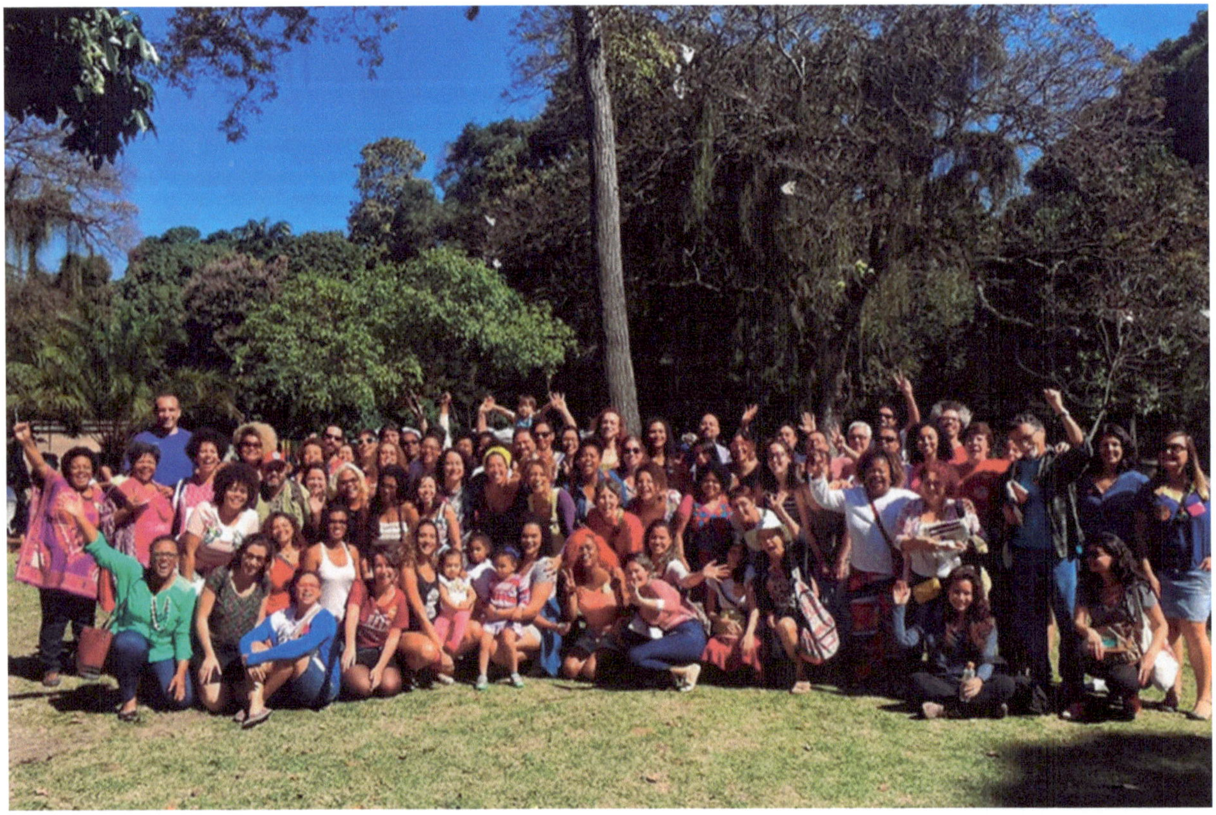

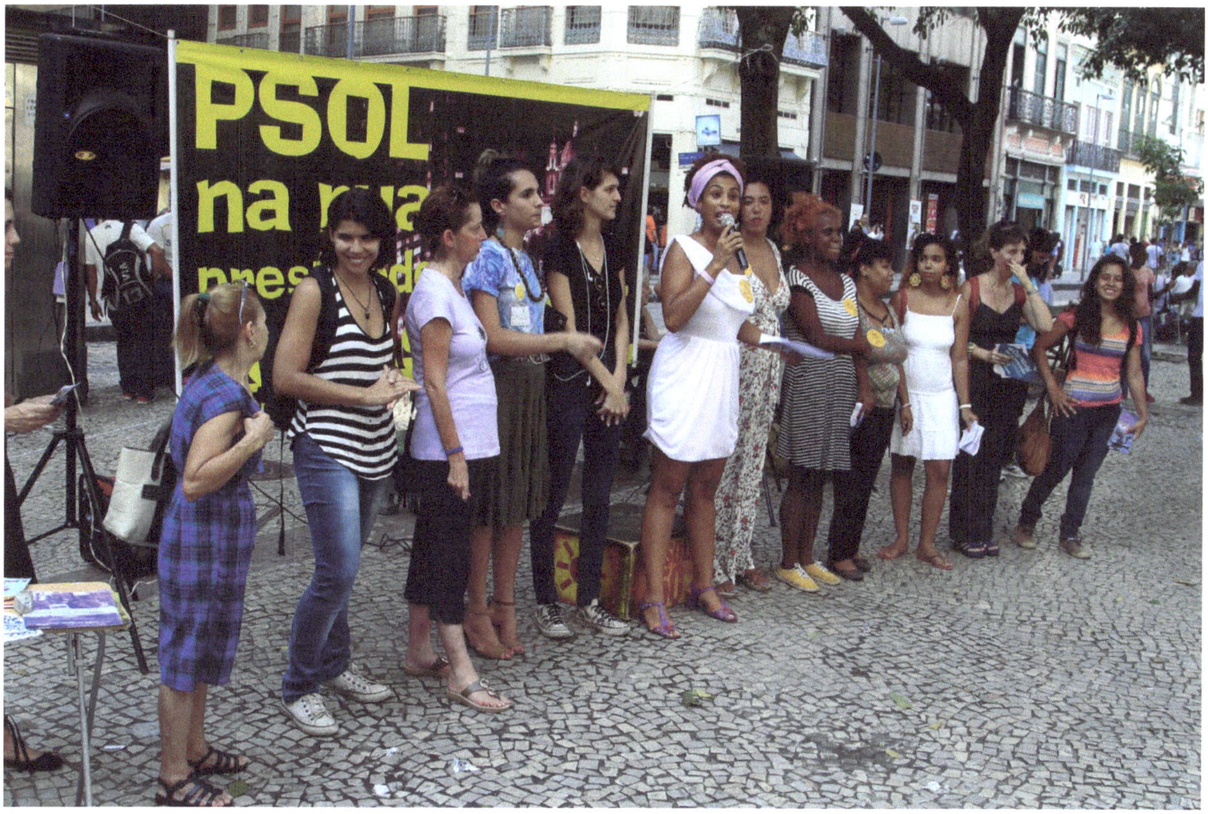
PSOL
na ru

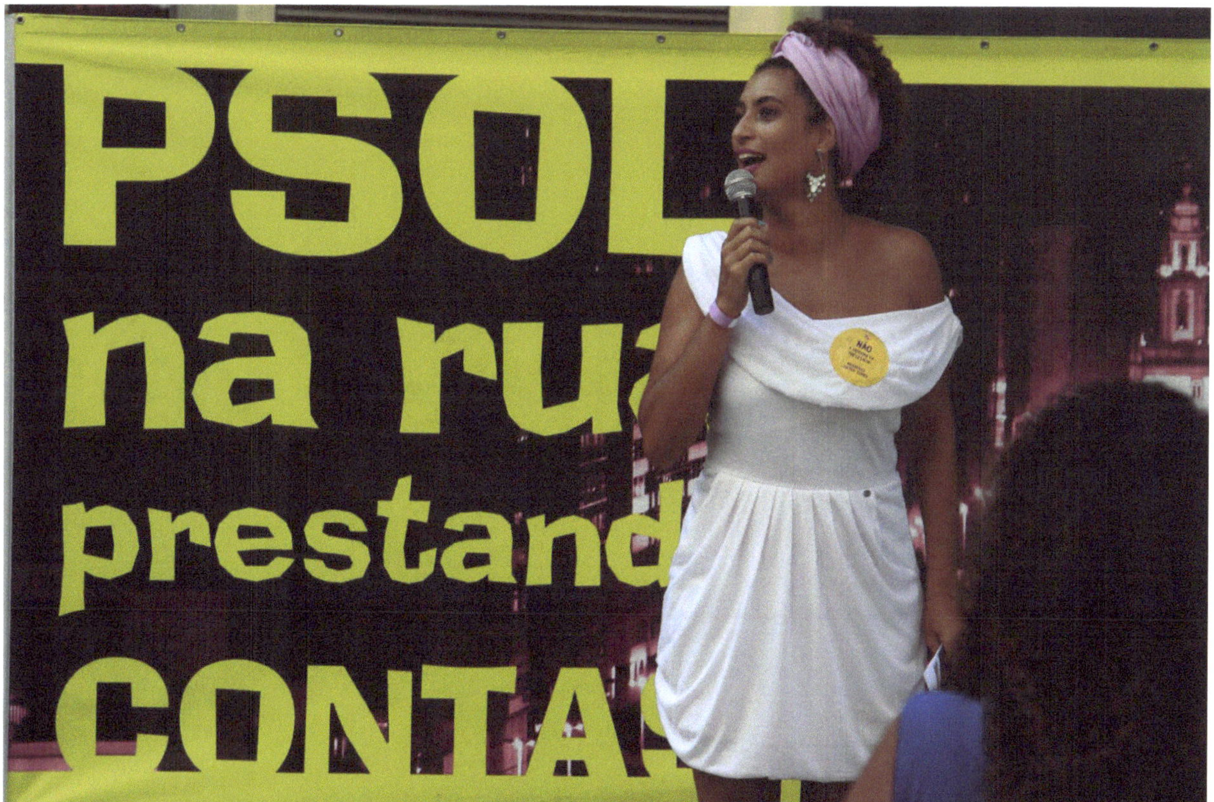
PSO
na ru
prestand
CONTA

"SE É LEGAL TEM QUE SER REAL".

" O meu primeiro Projeto de Lei foi o "Se é legal tem que ser real". Mas é muito difícil ser uma mulher do campo progressista com pautas que são tão duras, pois sabemos que tem movimentação dos outros vereadores para dificultar a tramitação desse nosso projeto dos casos de aborto já garantidos em lei. Os avanços são muito lentos. Nós apresentamos o projeto no tocante dos casos onde a mulher está correndo risco de vida com a gravidez, onde a mulher foi vítima de estupro e teve uma gravidez indesejada, e quando tem uma gravidez com um feto anencéfalo. Nesses casos a gente quer que o município garanta esse serviço, nas maternidades, nos centros de referências, de maneira adequada. O aborto nesses casos é um direito das mulheres desde 1940. Mas a câmara dos vereadores do Rio de Janeiro ainda tem, mais de 70 anos depois, a audácia de querer dificultar um Projeto de Lei que atende a essas mulheres, principalmente negras, pobres e periféricas, esse direito. Porque o que acontece no geral é que elas acabam recorrendo à clandestinidade e acabam morrendo. Isso é evidenciado no crescimento de uma mortalidade materna, segundo dados dos órgãos de saúde. Então, essa é uma luta muito dura, porque, por ser uma pauta que uma câmara majoritariamente branca e masculina, esse direito para já adquirido pelas mulheres não é visto como prioridade. "

Em um ano e três meses de "mandata", Marielle apresentou 16 projetos de lei, tendo aprovado ainda em 2017 o projeto de lei que previa a criação de Casas de Partos no município. Além disso, presidiu a Comissão de Defesa da Mulher. A "mandata" também realizou eventos, como o Viradão Direito à Favela, que aconteceu no Museu da Maré; o OcupaDH no Salgueiro, junto com a Comissão de Direitos Humanos na Alerj e a Associação de Moradores; visitou maternidades públicas do Rio de Janeiro; e distribuiu pelos blocos de carnaval espalhados por todas as regiões da cidade mais de 200 mil leques da campanha "Não é Não! #carnavalsemassédio", pela Comissão da Mulher.

ESPAÇO CORUJA

" Falar sobre a proposta do Espaço Coruja é muito importante, porque esse é um debate importante que façamos e que o publico conheça. É um programa, é um indicativo de proposta, uma referência de um espaço infantil noturno, um espaço adequado, para que as famílias, que no geral acaba recaindo a mulher esse cuidado das crianças, possam ter um lugar que o município, o Executivo e o Estado, possam garantir esse direito de deixar os filhos com segurança para que possam trabalhar ou estudar. Eu fui recreadora infantil, trabalhei na creche Pescador Albano Rosa, na Maré. A creche em si ficava aberta de 7 da manhã às 17 horas, com um tempo de tolerância para as famílias chegarem que era de 30 minutos. Mas a gente observa que tem mulheres que estudam de dia e outras que estudam a noite, e as que estudam de noite geralmente tem filhos e precisam trabalhar. Então, essas mulheres tem um número de evasão muito maior dos estudos. E o que acontece? Essa mulher não consegue terminar os estudos nas universidades e assim garantir, por exemplo, acesso a maior qualidade de vida para seus filhos, por não ter um lugar adequado para deixá-los para poder ir para a universidade. Se elas puderem ter ajuda da família, ainda fica possível. Mas nem todas tem essa possibilidade. Por isso a ideia do Espaço Coruja, para permitir a essas mães o acesso ao estudo, tendo a confiança que os seus filhos estão num lugar seguro. A gente tem responsabilidade política e pública com essas mulheres e por isso apresentou essa proposta. "

Os projetos de Marielle seguiram mesmo após a sua morte. Na data em que completaram-se cinco meses de seu assassinato, foram aprovados mais cinco dos projetos apresentados por Marielle: tornaram-se leis na cidade do Rio de Janeiro: o Programa de Espaço Infantil Noturno (Espaço Coruja), a criação da campanha de enfrentamento ao assédio e violência sexual nos transportes (Assédio não é passageiro), o Dia Municipal de Luta contra o encarceramento da Juventude Negra (20 de junho, marcando a data da prisão de Rafael Braga, jovem negro preso durante as manifestações de 2013), o Dia de Tereza de Benguela e da Mulher Negra (25 de julho), o Programa de Efetivação de Medidas Socioeducativas em Meio Aberto e a criação do Dossiê Mulher Carioca (que pretende reunir anualmente números sobre as mulheres atendidas por políticas públicas no município).

DIVERSIDADE REPRESENTATIVA

> A nossa pretensão é que o legislativo seja mais favelizado, mais enegrecido, que tenham mais mulheres e identidades e gêneros mais amplas. A Lana, que é uma mulher trans, que compõe a minha equipe, foi a primeira mulher a ter sua identidade funcional com seu nome social garantido. Então é isto o que falamos, de que uma vem e puxa a outra. Este é um lema principalmente das mulheres negras, com a luta para que elas participem de vários espaços, com seus turbantes, com sua orientação sexual, ocupando este espaço que no geral, infelizmente, ainda é muito negado. Então, a pretensão é que essa maioria de mulheres, ou essa equidade de gêneros, que isso esteja em vários outros espaços. Onde as mulheres possam compor as escolas, as universidades, as revistas, as redações, as enfermarias, enfim nos vários postos de poder, nos vários postos de fazer a política. O nosso desejo é que as mulheres estejam construindo esse lugar coletivamente.

Dentro da proposta de pensar a política de forma ampla e coletiva, Marielle Franco trabalhou em projetos para incentivar o aumento de representatividade feminina nos mandatos legislativos e executivos. Em novembro de 2017, realizou no autitório da Associação Brasileira de Imprensa (ABI) o evento "Mulheres na Política", o maior de seu mandato, reunindo mais de 600 participantes e espectadores. O evento foi elaborado como uma articulação de mulheres que pretendiam se candidatar nas eleições seguintes.

SIMBÓLICO E OBJETIVO

> Nós, mulheres negras, somos uma minoria em termos de representatividade, somos sub-representadas, e isso é muito ruim porque somos a maioria da população. Então é uma contradição que pegamos o tempo todo para ver como alterar, avançar nessa relação e nesse processo. Nesse sentido, creio que o mais importante seja disputar o simbólico, desmistificar temas que, para o campo conservador, são colocados em segundo plano. Falar das liberdades da mulher, do negro, é ainda considerado secundário. Pensando no legislativo, o desafio é fiscalizar, acompanhar, elaborar e propor. É conseguir maneiras de disputar esse simbólico, mas que isso se reverta em política pública. Fizemos uma super audiência sobre mortalidade materna e agora estamos traçando metas para diminuir os números da mortalidade materna e incidir, por exemplo, onde eles são mais elevados. Uma delas é fazer uma campanha específica, por exemplo, na região que tem os maiores índices, para fazer formação com esses profissionais. Fortalecer a secretaria que tem uma entrada boa para isso. Enfim, buscar simbólica e objetivamente criar políticas públicas e conquistar direitos.

Ao se tornar presidente da Comissão da Mulher, Marielle decidiu utlizar da sua experiência anterior para tornar a Comissão um espaço de atendimento às mulheres e não apenas consultivo e burocrático. Durante o período de sua presidência, a Comissão realizou acolhimento, orientação e acompanhamento de 45 casos relacionados aos direitos das mulheres, passando por assédio na rua, assédio no ambiente de trabalho, agressão física, violência sexual e até feminicídios. Esse experiência está registrada no relatório da Comissão, que já estava em produção e foi ampliado e finalizado por sua equipe após o seu assassinato.

AFETO E REDE

> "Um grande desafio da nossa proposta política foi tentar trabalhar para além do jargão "política com afeto". Eu tinha que colocar isso para fora, conseguir incorporar outras redes, ampliar. Mas, é claro, sem perder o afeto, que está muito presente também no dia a dia do nosso fazer político. Está presente nesse lugar de trazer todos para trabalhar junto, desde a pessoa que fez o desenho da identidade visual até a que está na ponta dialogando com a população. A coordenação tem uma maioria de mulheres e a gente consegue fazer reuniões periódicas onde eu sou apenas uma parte. Não tem um encontro em que só esteja eu ou um grupo, ou que a gente tenha hierarquizações diferentes. Isso é uma forma de fazer conjunto. É algo que está no debate da nossa ancestralidade, que fala muito de "uma sobe e puxa a outra". Uma construção coletiva, que passa por esse afeto, mas que tem que buscar se ampliar para o restante da sociedade."

Em sua atuação como vereadora, Marielle ressaltava a importância da articulação dos diversos movimentos feministas, "das feministas históricas às feministas das hashtags", o que não se limitou a mera retórica. Durante seu mandato, todas as ações parlamentares referentes aos direitos das mulheres foram realizadas em articulação e/ou consulta aos mais diversos movimentos feministas, de mulheres lésbicas, negras, jovens, instituições e militantes históricas com atuação nas pautas do enfrentamento à violência contra as mulheres, saúde sexual e saúde reprodutiva, entre outros.

INOVAÇÃO POLÍTICA

> O que seria uma inovação na política hoje seria ter mais formas de pensar cidadania ativa aproveitando o século 21. Resumindo: da pessoa poder acompanhar mais e dos processos serem mais transparentes. Aproveitar essa agilidade do meio digital e do século 21. Se tem gente fazendo crime pela internet e hackeando de uma forma negativa, tem que ter maneiras de fazermos isso positivamente. De mobilizar, de criar redes, de ampliar intervenção para desmistificar a política representativa, para que as pessoas entendam que têm diferenças no parlamento. A gente vai precisar se reinventar muito para conseguir mexer nessas caixas. Nesses "encastelamentos". Porque, se não, vira tudo o mesmo prédio, o mesmo político, o mesmo partido e a mesma prática. E não é.

Durante a campanha e o mandato, Marielle mostrou uma grande atenção e capacidade de lidar com as novas tecnologias como forma de comunicação com a sociedade. Ela utilizou massivamente as redes sociais para divulgar seu trabalho coletivo e convocar a população à participação política. Para além da questão prática de divulgação de ações, a Mandata, entendendo a importância da internet como principal forma de comunicação nos dias de hoje, teve uma preocupação em debater a questão do meio digital e das redes sociais na política atual, organizando dois encontros com ativistas transmitidos online através das redes sociais. O primeiro deles foi sobre feminismo nas ruas e nas redes, abordando toda a diversidade das mulheres feministas; o segundo foi sobre maternidade e meios digitais.

A CHAMA ACESA

> „ O meu principal desafio pessoal é sempre manter acesa a chama. Porque cansa, pressiona particularmente. Conseguir ver perspectivas no trabalho, que o tempo todo precisa estar mais qualificado. Eu quero me qualificar mais. A gente só vai disputar o campo desse imaginário social com o simbólico se estiver mais qualificada. Então, acho que precisamos estar não só na retórica, na oratória, mas nos dados científicos. Eu sempre trago muitos dados do SUS quando vou tratar de alguns temas, como, por exemplo, o debate do aborto. Faço isso para não dizerem que é só uma questão de autonomia da mulher e do movimento feminista. Pra não falarem que é só ideológico. Para falar sobre direitos humanos, eu posso falar sobre segurança pública e apresentar dados. Preciso estar sempre me qualificando para conseguir estar firme. Isso me parece ser o mais importante. "

A luta de Marielle foi marcada durante toda a sua trajetória pelo feminismo interseccional. A interseccionalidade é um aspecto comum na vida de mulheres negras faveladas, e, no caso de Marielle Franco, não foi diferente. Durante toda sua vida, Marielle vivenciou opressões relacionadas a sua raça, seu gênero e também ao seu território de origem. A partir disso, construiu uma forma de atuação política capaz de dar conta e olhar para todos esses aspectos, que também fazem parte da vida de milhares de brasileiras. Marielle entendia que pensar as políticas para uma sociedade melhor se faz olhando para quem é mais vulnerabilizado na sociedade.

UBUNTU

> "A minha atuação política sempre foi feita pensando no lema africano do ubuntu, "Eu sou porque nós somos". Sempre foi um fazer coletivo. Sempre busquei uma atuação qualificada, que procure saber e confirmar a veracidade das informações. E talvez sair da dicotomia do bem e do mal, da polarização. As novas maneiras de diálogo precisam ser aprofundadas, pensando nesse novo fazer. Porque, caso contrário, ficamos numa coisa parecida ao que ocorre, por exemplo, com as religiões: ao invés de eu conviver, tolero. Nesse sentido, acho que as disputas pelos conceitos faz parte dessa qualificação. Porque aí eu vou entendendo quais são as diferenças, as nuances. Que são sinônimos, mas talvez não sejam a mesma coisa."

A vida de Marielle Franco foi interrompida na noite de 14 de março de 2018, quando voltava para sua casa com seu motorista, Anderson Gomes, e sua amiga e assessora, Fernanda Chaves, única sobrevivente do atentado. Ela foi assassinada a tiros, num crime que até hoje, mais de cinco anos depois, não foi elucidado.

Mas a trajetória de Marielle não se encerrou ali. Naquela mesma noite, eventos nas redes chamavam para uma mobilização na Cinelândia. Na manhã seguinte, a praça já estava tomada de pessoas. E assim seguiu em outras cidades do mundo afora: desde então Marielle tem sido um símbolo de luta e de vida. Praças e ruas, manifestações e encontros foram e continuam sendo nomeados e realizados em sua homenagem. Ela continua sendo, porque tantas e tantos continuam, coletivamente, sua luta. Inspirados pela chama ininterrupta de Marielle.

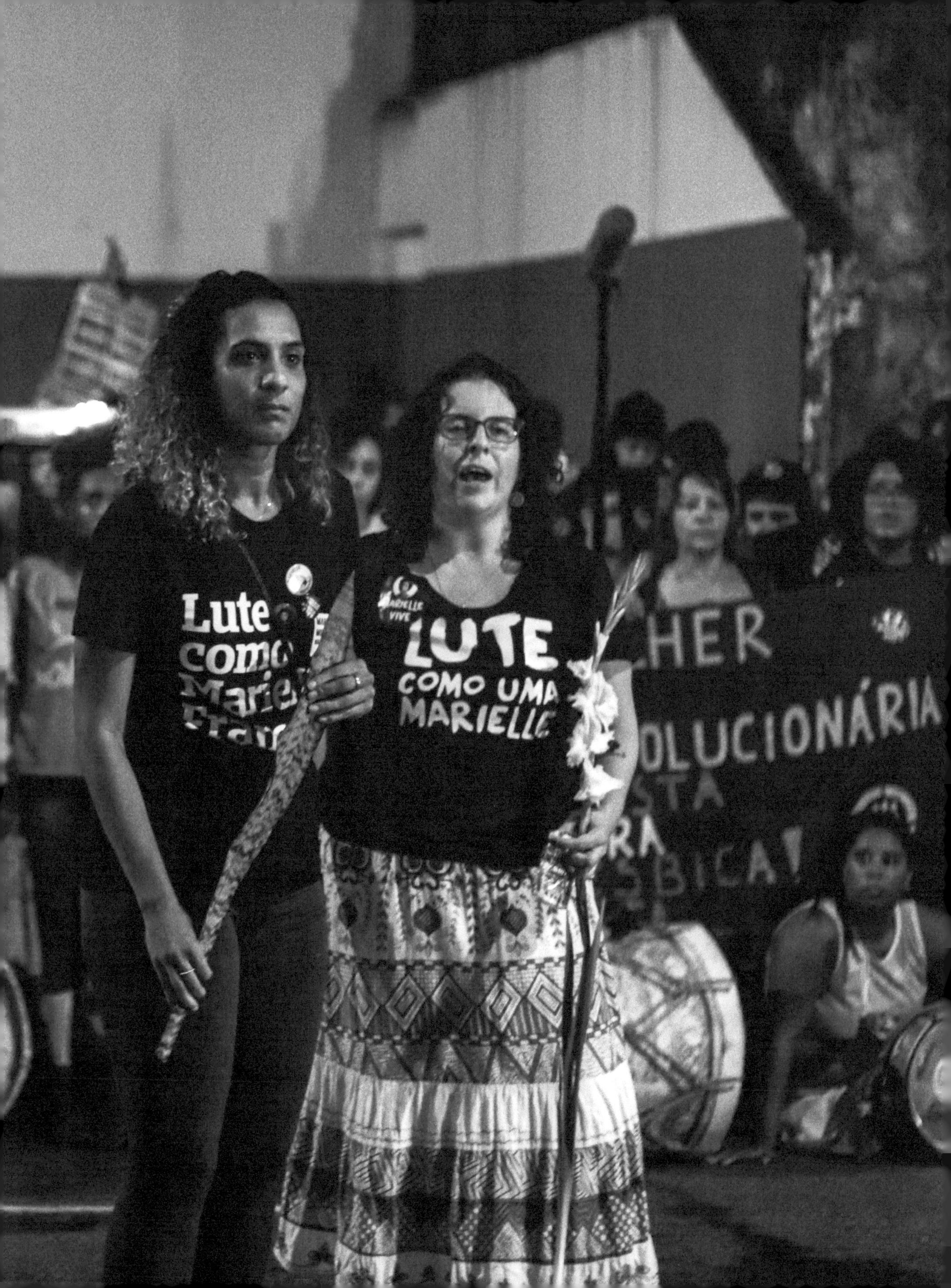

Lute
como
LUTE
COMO UMA
OLUCIONÁRIA

A EMERGÊNCIA DA VIDA
PARA SUPERAR O ANESTESIAMENTO SOCIAL FRENTE A RETIRADA DE DIREITOS: O MOMENTO PÓS-GOLPE PELO OLHAR DE UMA FEMINISTA, NEGRA E FAVELADA

MARIELLE FRANCO
(PUBLICADO ORIGINALMENTE NO LIVRO "TEM SAÍDA: ENSAIOS CRÍTICOS SOBRE O BRASIL", DEZEMBRO DE 2017)

O impeachment sofrido recentemente pela primeira presidente mulher brasileira foi uma ação autoritária, ainda que tenha se utilizado de todo arcabouço legal como justificativa. De um lado a presidenta, mulher, vista por parcela significativa da população como de esquerda. De outro lado um homem, branco, visto por parcela expressiva como de direita e socialmente orgânico às classes dominantes. A conjuntura brasileira, determinada pelo cenário do golpe, marca-se, para além da correlação de forças políticas, favorável às classes dominantes e seus segmentos mais conservadores. Principalmente por alterações sociais significativas na esfera do poder do Estado e no imaginário. Trata-se de um período histórico no qual se ampliam várias desigualdades, principalmente as determinadas pelas retiradas de direitos e as que são produto da ampliação da discriminação e da criminalização de jovens pobres e das mulheres, sobretudo as negras e pobres. Este é um momento que asfixia o processo de democratização, aberto no fim da ditadura militar, e abre um novo cenário de crise, colocando desafios profundos para as esquerdas.

Ao ser priorizado neste artigo analisar as condições das mulheres no contexto do golpe, é necessário que fiquem registrados os seguintes elementos: a) as mulheres possuem diferenças em toda a cidade, com estéticas múltiplas, visões de mundo e ações sociais, políticas e humanas em geral e condições territoriais profundamente distintas; b) há desigualdades que marcam as mulheres faveladas e negras em relação às mulheres que estão em outros grupos sociais, como a classe média e as que não vivem do seu próprio trabalho. Nesse sentido, para além de analisar as condições das mulheres, há nessa abordagem uma centralidade de identificar as condições das que sofrem, para além do machismo institucional da formação social brasileira, os impactos do racismo estrutural que segue hegemônico no Brasil; c) finalmente, chama-se atenção para as diferenças das mulheres que vivem do trabalho em condições de mais pobreza e profunda precarização dos contratos. Predominam, nas favelas e na periferia, mulheres com essas características que, no entanto, são potência de criatividade, inventividade e superações das suas condições, nas formas de vida e nas organizações sociais em seus territórios e alcançam, em seus múltiplos fazeres, centralidade na cidade.

Há vários aspectos que são consequências das especificidades das mulheres faveladas e que cabem destacar para se ter noção das diferentes escalas de desigualdades sociais, econômicas e culturais: 1) local de moradia com poucos equipamentos do Estado e sem realidade de transportes em tempo e condições com menos investimentos, independente se afastados das localidades que agrupam o maior número de equipamentos de estudo, artes e trabalho, o que gera impacto nos tempos utilizados para estudo, trabalho, lazer e vida familiar; 2) a diferença de condições na classe, pois, ainda que sejam todas trabalhadoras, vivem efeitos e consequências diferenciadas impulsionadas por precários direitos trabalhistas e contratos de trabalho; 3) a exposição a situações de violência letal e de discriminação, com grande impacto de estigmatizações; 4) a potência criativa e inventiva, motivada pela necessidade de superar as condições objetivas e para conquistar espaços distintos de convivência na cidade que se materializam no campo das artes, da educação, em atuações políticas e em formas de trabalhos diversos para suas subsistências.

Construir uma análise, com base nessa complexa condição objetiva, com vários elementos subjetivos que impactam a disputa ideológica, as narrativas e a institucionalização do poder dos discursos dominantes, trata-se de um exercício fundamental para entender e atuar no contemporâneo.

Após essa breve clivagem da categoria mulher favelada, é preciso evidenciar como essas mulheres vivenciam, sentem e atuam em seus cotidianos frente aos efeitos do golpe. A emergência da vida sempre foi extremamente presente para essas mulheres. Elas sempre viveram as consequências da imposição do Estado por menos direitos e o predomínio de políticas do Estado voltadas para a interdição e a dominação. Momentos de "bem-estar social" foram passagens da história do País, mas marcam-se, fundamentalmente, por conquistas e não por concessões do poder dominante. Ainda que o machismo histórico e institucional seja uma das bases da formação social brasileira, as mulheres negras e faveladas reúnem vários outros aspectos de interdição, dominação e restrição de direitos frente às demais mulheres da cidade. Mas o golpe, protagonizado pelo endurecimento do lastro estadocêntrico e da presença central de um homem branco, autoritário e conservador, aprofunda tais características.

Ainda que essa realidade das desigualdades, que pavimenta a história brasileira, tenha maior impacto em toda a periferia, principalmente nas favelas, as mulheres desse amplo território não são marcadas pela carência, como aparece no discurso predominante da imprensa e do poder hegemônico. Assumiram papel de centralidade de ações criativas e de conquistas de políticas do Estado que atuaram no caminho inverso das desigualdades, ampliando direitos em várias dimensões humanas. Conquistaram, assim, alterações em seus territórios com força para disputar, na cidade, novas localizações no imaginário popular e para as relações humanas.

Das artes às várias práticas sociais ou políticas nos territórios da periferia, marcam-se ações de superações das condições e se constroem condições de emergências que registram a presença dessas mulheres em toda cidade. Vale destacar: as periferias, as favelas são parte da cidade e não lugar à parte das cidades. São de territórios marcados pelas organizações das pessoas, o que os diferencia de outras partes da cidade, para além dos baixos investimentos do Estado em que vivem.

Tratando-se dessas mulheres que vivem nos territórios de periferias, e principalmente do maior grupo que as compõe - as negras (pretas e pardas) a trajetória impulsionada pelas mesmas marca-se pelo instinto primário da sobrevivência (delas e de suas famílias). Nesse sentido, articulam-se em relações de solidariedade para manutenção da vida e para ampliação da dignidade. De um lado, são as que vivem maiores consequências do impacto do poder dominante, principalmente na formação social brasileira, mas são também as que produzem meios que alteram condições de vida para ampliação da mobilidade em todas as suas dimensões. Nesse sentido, elas serão as mais penalizadas nesse contexto atual de um golpe de Estado, ao mesmo tempo que ocupam centralidade como personagens na ação para superação das condições impostas.

Registra-se que o termo sobrevivência aqui utilizado vai além da manutenção da vida, mesmo frente à grande onda de feminicídio existente, no ano de 2015, por exemplo, em que 65,3% das mulheres assassinadas eram negras. Ou seja, a sobrevivência aqui apresentada diz respeito também às condições de morar, alimentar-se, viver com saúde, vestir-se, ter acesso às escolas, condições de trabalho, mobilidade corporal e condições de acesso a diversões e artes. Sobreviver, portanto, ultrapassa qualquer visão economicista do termo e alcança as múltiplas dimensões da vida. Cabe ressaltar, portanto, dois elementos que devem percorrer toda essa reflexão: a) os corpos das periferias ocupam o lugar principal de representação da exploração, da interdição e do controle imposto pela ordem capitalista no processo de produção, substituindo assim o que antes chamava-se de "corpo da fábrica"; b) nesse contexto, as mulheres, negras, das periferias, com ênfase nas favelas, são representações estratégicas para avanços democráticos e de convivência com as diferenças e superação das desigualdades, por conta do peso do machismo e do racismo e do crescimento da ideologia xenofóbica.

As mulheres negras, moradoras das periferias e favelas, são ativas nos cenários políticos, culturais e artísticos da cidade. Ainda que a luta/ativismo/ militância por elas protagonizada seja inicialmente relacionada às questões locais e intimamente "linkada" às condições objetivas e subjetivas das suas vidas no território, conquistam dimensões fundamentais para avançar as condições locais, alcançando impacto em toda a cidade. Nesse sentido, há várias mulheres faveladas que se destacam e ultrapassam, em ações e representações, o ambiente que predominam em suas vidas. Tal fenômeno, por sua vez, não é determinado por questões estritamente individuais, por serem iluminadas ou especiais, mas por uma questão de trajetórias, encontros, percepções de si, do outro, oportunidades, articulação e inserção nas questões sociais. E, com ênfase afirmativa, tal fenômeno, que se encontrava em ascensão no momento pré-golpe, traz, para a esquerda, o desafio de manter esse crescimento para superar a onda conservadora que predomina hoje no País.

Contudo, um considerável número de mulheres faveladas não vê com simpatia a participação na sociedade política e muito menos reúne facilidade para aproximação dos corpos que alcançam os espaços institucionais do poder do Estado, que, para a maioria, sem grandes distinções, são enxergados como poderosos e poderosas. Esse quadrante se amplia, com o êxito das classes dominantes, nesse cenário de golpe, ao alargar a visão hegemônica de que o principal problema do Brasil é a corrupção e não as desigualdades. Ao mesmo tempo que tal visão ganha força no imaginário, cresce também uma rejeição à participação política e uma identificação de que os principais corruptos são "os políticos".

Não há predomínio de ações que beneficiem os pobres na história do Brasil, com poucas exceções. Isso por sua vez só amplia a hegemonia dominante do medo, do não envolvimento com as decisões políticas - o que faz ampliar o ambiente autoritário e rebaixa o nível de participação, inclusive no voto (basta ver o crescimento dos votos brancos e nulo e das abstenções). A desconfiança com a classe dirigente sempre existiu; um certo sentimento de que nada é durável, tudo é muito temporário e com prazo muito curto, mas tal sentimento amplia-se no imaginário e se firma como obstáculo necessário a ser superado para que se avance em relações democráticas no contemporâneo.

O desemprego ou o emprego precário sempre foram predominantes na realidade vivida nas periferias. A solidariedade, no entanto, também pavimentada nesses territórios, criou condições para superação dessas desigualdades. Para além da certeza de que nunca se pode parar e que a vida é uma luta permanente, constrói-se um ambiente com repertórios para se ir além dos próprios territórios e maiores escalas de conquistas. Embora o avanço nos últimos anos, em conquistas de direitos que agora estão sendo ameaçados e retirados a toque de caixa, não se pode permitir o crescimento da ideia de que nada mudou e tudo permanece igual com sempre foi. Ainda que se vivam realidades nas quais se destaquem a baixa oferta de vagas nas creches e nas escolas; a procura, na primeira fase da juventude, de uma vaga no mercado de trabalho; o baixo acesso às artes, ao estudo de línguas, a ambientes que ampliem conhecimentos acumulados na história da humanidade, pode-se identificar que as periferias se marcam pela criação de múltiplas inteligências e as mulheres ocupam localização estratégica nesse processo. Portanto, ações de esquerda no século XXI precisam atuar para ampliar tal potência e construir narrativas que elevem a liberdade, a participação e o ativismo emancipatório das mulheres negras e faveladas.

A dificuldade com a iminência do fim do Bolsa Família já prenuncia uma volta aos portões das igrejas em busca de auxílio (em sua maioria nas católicas e/ou centros espíritas). Esse risco, mais intenso hoje com o golpe, do crescimento da sensação de que não há horizonte, de uma ausência de perspectiva, cria ambiente para ampliar o pessimismo e a indisposição de pensar um futuro muito distante do amanhã. Coloca-se assim, como desafio da esquerda no século XXI, registrar as ações das mulheres negras e faveladas que são marcas de conquistas e pigmentações de ações transformadoras, inventivas e potencialmente revolucionárias. Disputar o olhar, sentimentos e pensamentos para um mundo que vive mudanças todo o tempo e situar as ações existentes das mulheres negras, nesses territórios, superando em suas vidas o impacto do racismo institucional, é uma ação estratégica para esquerda no contemporâneo e ganha ênfase no cenário do golpe imposto no Brasil.

QUANDO A FLOR ROMPE O ASFALTO

Na contramão de um caminho pavimentado pela descrença ou pela mesmice, nesse período de golpe, outros elementos pulsam na cidade carioca com caracterizações distintas da que predominam na ordem nacional. A eleição histórica, com 46 mil votos, de uma vereadora favelada, negra e feminista, que assume posição política de esquerda, é uma contradição no ambiente do golpe. Isso, por sua vez, repercute significativos sinais da importância de ocupação dos espaços de poder do Estado, principalmente os institucionais, por meio das eleições e mesmo na disputa da autoritária meritocracia, cindindo ao máximo a concentração masculina e branca que toma tais ambientes.

Os estereótipos associados ao que é ser uma mulher e as expectativas sobre como devemos nos comportar são facetas do discurso institucional e hegemônico ainda profundamente conservador e reacionário. Registra-se que tal movimento ganha força no momento atual; basta olhar, por exemplo, para o resultado das eleições nos EUA e no plebiscito do Reino Unido, entre outros exemplos possíveis. Em escala internacional, guerras, interdições, perseguições, separações voltam a aparecer e se marcam como impedimentos e controles cada vez maiores do outro, da outra, do corpo que não compõe o grupo social de poder, que tende a ser "colocado para fora", ou "impedidos", pelas classes dominantes de conviver com suas "diferenças" na cidade. Com a falácia da narrativa de "crise econômica", busca-se derrubar os direitos conquistados e, uma vez feito, serão as mulheres negras e pobres, moradoras das periferias, principalmente das favelas, que estarão ainda mais vulneráveis à violência e ao racismo institucional impregnado nos poros da formação social brasileira. Trata-se, portanto, de construir um bom senso e ações que superem as condições colocadas e alterem a correlação de forças, tornando-as mais favoráveis à vida, aos direitos e à dignidade humana. Conquistar tal ambiente é fundamental para avanços democráticos, principalmente no momento atual.

O governo ilegítimo, autoritário e conservador amplia as forças das elites políticas e econômicas que predominaram no poder. Há, portanto, nesse momento, uma intensificação da repressão policial frente às manifestações populares, assim como o crescimento do discurso da guerra às drogas que impactam o coração das periferias. As contrarreformas trabalhistas e da previdência são outros exemplos de investidas para destruir com os direitos. Tais ações impõem forte impacto às mulheres, principalmente as que vivem dos seus trabalhos e em condições nas quais o ofício de suas famílias são os meios de manutenção de suas sobrevivências. Quadro esse que marca a vida das mulheres negras e faveladas em escala nacional.

Nessa conjuntura, com condições favoráveis para ambientes bonapartistas e crescimento em progressão máxima do autoritarismo e das várias dimensões do conservadorismo, questões fundamentais se colocam para a esquerda construir uma visão contemporânea no século XXI: a) avançar em ações contundentes imediatas, ampliando forças para bandeiras que emergem nesse momento, como as "diretas já" e "nem um direito a menos"; b) defender a vida, com momentos contra a violência letal e pela ampliação da dignidade humana; c) construir proposições de políticas públicas, para enfraquecer as estratégias do capital no Brasil; d) fortalecer a narrativa pela convivência plena na cidade, com as múltiplas diferenças, para conquistar no imaginário predominante o desafio fundamental de superar as desigualdades como eixo fundamental da luta; e) ampliar a centralidade dos corpos da periferia como atores centrais das ações sociais, entre os quais destacam-se as mulheres negras e mais pobres, com ênfase as faveladas em todo o território nacional.

Construir insumos que contribuam para potencializar que mulheres, negras, pobres assumam o papel de sujeitos para uma cidadania ativa com vistas a conquistar uma cidade de direitos é ação fundamental para a revolução no contemporâneo.

"PACIFICAÇÃO" PARA QUEM?

MARIELLE FRANCO
(PUBLICADO ORIGINALMENTE
NA REVISTA SUR, JUNHO DE 2018)

Primeiramente, Fora Temer! É impossível iniciar uma apresentação acadêmica no campo das Ciências Sociais sem nos posicionarmos em relação ao momento político pelo qual o Brasil passa. Um governo ilegítimo, mergulhado em denúncias de corrupção e, sem ser investigado, vem implementando sucessivas retiradas de direitos, a saber: Reforma trabalhista e Reforma da Previdência.

As considerações dessa apresentação são fruto da minha pesquisa de mestrado (intitulada "UPP — A redução da favela a três letras: uma análise da política de segurança pública do estado do Rio de Janeiro), do trabalho desenvolvido pelo nosso mandato na Câmara do Vereadores do Município do Rio de Janeiro e do diálogo com o trabalho de Pâmella Passos sobre os impactos culturais da instalação das Unidades de Polícia Pacificadora.3

Iniciados em 2008 no morro Santa Marta, os "caminhos da pacificação" política do Governo do estado do Rio de Janeiro se restringem, quase que exclusivamente, aos limites da cidade maravilhosa — das 38 UPPs existentes hoje, apenas uma está localizada fora da capital: a UPP da Mangueirinha, última a ser inaugurada, situada na cidade de Duque de Caxias.

As UPPs tampouco voltaram-se para a ocupação de territórios milicianos, tendo apenas a UPP Batan essa característica. A distribuição geográfica da "Polícia da Paz", como é denominada pelo poder público, faz emergir a pergunta: se as milícias também são um problema de Segurança Pública, por que as regiões milicianas não foram tidas como prioridade no mapa da "pacificação"?

O confronto desse mapa com os dados do Instituto de Segurança Pública do Estado do Rio de Janeiro, que revelam que os maiores índices de homicídio se concentram na Baixada Fluminense e na Zona Oeste, regiões atualmente controladas predominantemente por milícias, indica que a "retomada de territórios" anunciada pelo site oficial das UPP's não levou em consideração esses indicadores. O que percebemos no mapa apresentado é a conjunção do caminho trilhado pela UPP com os interesses do grande capital nacional e internacional nas áreas de investimento do setor turístico e dos megaeventos: Rio +20 (2012), Copa das Confederações (2013), Copa do Mundo (2014) e Olimpíadas (2016).

Nesse contexto de "pacificação", os jovens, mas não só eles, foram e são privados de suas manifestações culturais como também do direito de ir e vir. O toque de recolher, as revistas constantes sob mira dos canos dos fuzis, os maus tratos recorrentes pelas abordagens policiais e os abusos de autoridade são marcas do projeto, como apresentado pela Folha de São Paulo em 02 de setembro de 2013, com o título Denúncia contra PMs atinge 76% das UPPs.

No levantamento feito para a tese de doutorado de Pâmella Passos, os dados do Instituto de Segurança Pública afirmavam que, dentre as 33 unidades existentes no período, em 25 delas havia casos de denúncias contra a atuação dos agentes. Essas denúncias fazem lembrar uma importante análise de Loic Wacquant, que se encontra na questão penal no capitalismo neoliberal:

[...] Medidas radicais de expansão penal (BONELLI, 2008): Intensificação do policiamento, concentrado nos bairros, populações de baixa renda, toques de recolher noturno para os jovens, recurso mais frequente à prisão para crimes de rua (em agudo contraste com a despenalização do crime de colarinho branco), negociações judiciais e processo judicial acelerado para delinquentes de baixa periculosidade, sentenças mínimas obrigatórias para jovens reincidentes.

Este cenário que já apresenta um diagnóstico crítico da experiência das UPPs no Rio de Janeiro sofre, no entanto, um brutal agravamento após a realização dos Jogos Olímpicos de 2016, último da série de megaeventos planejados para ocorrer na cidade. Se a disfuncionalidade do projeto já podia ser apontada no período precedente, o fim do ciclo de megaeventos evidencia de forma cabal o completo esfacelamento das UPPs.

A primeira evidência vem do próprio rearranjo pelo qual o projeto passa no bojo da estrutura administrativa da PM. No início da implementação, as unidades foram pensadas como estruturas descoladas do restante dos órgãos de atuação da polícia militar, sob o comando da Coordenadoria de Polícia Pacificadora. Em meados de 2017, as UPPs passaram a ser subordinadas aos batalhões de cada área. A mudança não é meramente administrativa — a autonomia das UPPs era justificada como uma forma de criação de uma nova cultura e prática de policiamento, em que policiais novos não seriam pautados pela lógica do confronto, historicamente empreendida pelos batalhões. O aglutinamento das estruturas mostra também o aglutinamento das práticas, e o abandono completo de qualquer tentativa de diferenciação de formas de policiamento —ainda que no plano discursivo ou com frágeis evidências de sucesso.

Neste cenário de colapso completo das UPPs, o caveirão branco surge como o símbolo maior da derrocada. O termo "caveirão" se refere ao veículo blindado utilizado pelo Batalhão de Operações Policiais Especiais (BOPE) da polícia militar do Rio de Janeiro. Sua estrutura assemelha-se a de um carro forte adaptado para práticas de confronto, com visores e portinholas para o encaixe de armas de grosso calibre nas laterais e na parte superior do veículo. O símbolo do BOPE pintado na lataria preta deu origem ao apelido: uma caveira com uma faca encravada de cima a baixo. Hoje há também "caveirões" sendo utilizados por outros batalhões da polícia militar, e mesmo pela polícia civil.

O caveirão vem há muito sendo denunciado por moradoras e moradores de favela, movimentos e organizações de direitos humanos como um instrumento de extermínio. Para o uso específico nas áreas de UPP, o veículo ganhou um detalhe tão cínico quanto sórdido: a cor branca na lataria.

Tiroteios e violentas incursões policiais se tornaram uma inaceitável rotina nas favelas com UPPs. No complexo de favelas do Alemão, no último mês de fevereiro, policiais invadiram lajes com o objetivo de instalar bases militares improvisadas, chegando ao limite de expulsarem alguns moradores de suas casas. No Jacarezinho e em Manguinhos, uma megaoperação envolvendo 200 agentes ocorreu em agosto, e durou 12 dias seguidos. Sete pessoas foram mortas.

Na favela da Rocinha, que também conta com uma Unidade de Polícia Pacificadora, as operações ganharam um outro vulto ao também envolverem, de modo desvirtuado e descabido, a utilização de mil agentes do Exército, Marinha e Aeronáutica. Encontra-se em vigor, no Rio de Janeiro, um decreto presidencial de Garantia da Lei e da Ordem (GLO) que autoriza o emprego das Forças Armadas. A instituição deste tipo de medida tem sido apontada por organizações e pesquisadores como inconstitucional, e aprofunda

o processo de militarização da cidade, sobretudo das favelas e periferias. A utilização de tanques e soldados nas favelas exacerba e escancara a prática racista e de criminalização da pobreza, características estruturantes do projeto de segurança pública em curso. Pelo menos 25 denúncias foram formalmente apresentadas à Defensoria Pública por moradores da Rocinha, envolvendo episódios de tortura, agressões e até mesmo violência sexual.

Estes são apenas três exemplos recentes que evidenciam a falência das UPPs — falência sentida de forma brutal na rotina das moradoras e moradores das favelas. A lógica do confronto não encontra qualquer separação entre favelas supostamente pacificadas e não pacificadas, justificada pela narrativa histórica da "guerra às drogas". Trata-se de uma política genocida que viola sistematicamente os direitos de moradoras e moradores das favelas e vitima sobretudo jovens negros. A persistência deste tipo de política relaciona-se a aspectos muito mais profundos do que a mera "cultura de policiamento", tão mencionada como novidade no projeto das UPPs. Enquanto a abordagem da segurança pública estiver estruturalmente relacionada ao lucrativo mercado ilegal de armas e drogas e à corrupção de agentes do Estado, qualquer pretensa "pacificação" não significará mais do que um caveirão vestido de cores brancas.

O ÚLTIMO DISCURSO

MARIELLE FRANCO
(TEXTO DO DISCURSO QUE MARIELLE REALIZARIA NA ALERJ, EM DECORRÊNCIA DA VOTAÇÃO DO PLANO MUNICIPAL DE EDUCAÇÃO. EM 15 DE MARÇO DE 2018)

"Boa tarde a todas e todos,

O Brasil é o quinto país que mais mata mulheres no mundo.

Os números são assustadores: em 2016, foi registrada uma violência contra mulher a cada 5 horas no Estado do Rio de Janeiro.

Mas também sabemos que estes números são apenas de parte das mulheres que conseguiram, de algum modo, buscar auxílio e denunciar.

E eu pergunto à vocês: seguiremos nos recusando a falar sobre igualdade de gênero? Até quando?

O debate sobre a nossa igualdade é urgente no mundo, no Brasil e no município do Rio de Janeiro!

Enfrentar este debate é nos comprometermos com a democracia e com nosso avanço civilizatório.

Falar de igualdade entre mulheres e homens, meninas e meninos, é falar pela vida daquelas que não puderam ainda se defender da violência. E são muito mais das 50.377 registradas em 2016, aqui, no Rio de Janeiro.

Diferente do que se fala ou, infelizmente, do que se acostuma ver em Casas Legislativas, como esta, não somos a minoria. Somos a maior parte da população, ainda que sejamos pouco representadas na política.

Ainda que ganhemos salários menores, que estejamos em cargos mais baixos, que passemos por jornadas triplas, que sejamos subjugadas pelas nossas roupas, violentadas sexualmente, fisicamente e psicologicamente, mortas diariamente pelos nossos companheiros, nós não vamos nos calar: as nossas vidas importam!

No Brasil, segundo o IPEA (2016), as mulheres negras brasileiras ainda não conseguiram alcançar nem 40% do rendimento total recebido por homens brancos. E somos nós, mulheres negras, que mais sofremos violências diariamente.

Só quem acha que isso é normal é quem não sofreu no corpo o machismo e o racismo estrutural. Quem acha que isso não merece ser debatido na nossa educação é porque se beneficia das desigualdades.

Por isso, quero deixar registrado que essa Casa, ao retirar os termos "gênero", "sexualidade" e "geração", fortalece a continuidade de desigualdades e violências dos mais diversos tipos.

Hoje falamos do principal plano para desenvolvimento social do nosso município: o Plano Municipal de Educação. Este plano merece que tenhamos compromisso e responsabilidade.

O termo "gênero" começou a ser utilizado como categoria de análise a partir de 1970 com o objetivo de dar visibilidade às desigualdades entre homens e mulheres. Logo, tanto na origem da sua criação, quanto no uso corrente em debates sobre a superação das desigualdades, falar de "gênero" tem como finalidade promover a devida atenção e crítica das discriminações sofridas pelas mulheres, e tentar achar meios para que todas e todos possamos juntos enfrentar este cenário.

Desde quando falar sobre uma opressão, que gera tantas mortes, é falar sobre alguma doutrinação?

Se dizem tanto a favor da vida, então deveriam ser a favor da igualdade de gênero. E só se promove igualdade através de uma educação consciente e do debate com nossas crianças, para que se tornem adultos melhores.

Por isso, como parlamentares responsáveis pelas cidadãs e cidadãos dessa cidade, devemos defender o debate na educação!

Se é da escola que nasce o espaço público que queremos, é indispensável que se fale de igualdade de gênero sim! Que se fale de sexualidade, de respeito, de laicidade, de racismo, de LGBTfobia, de machismo. Pois falar sobre estes temas é se comprometer com a vida, em suas múltiplas manifestações. É se comprometer com o combate à violência e a desigualdade!

É mais do que urgente que esta casa não se cale sobre as vidas que são interrompidas dia-a-dia neste Município.

Falar de igualdade de gênero é defender a vida!"

CARTA ABERTA A MARIELLE FRANCO MINHA IRMÃ E MELHOR AMIGA

ANIELLE FRANCO
(27 DE JULHO DE 2020)

Mari,

desde março de 2018, eu aprendi na dor que minha tristeza não podia ser maior do que minha luta. Não porque eu queria que fosse assim, mas porque eu não tive opção diante de tudo que nos foi imposto sem você aqui nesse plano. Te confesso que a cada dificuldade que surgia, eu lembrava de algo que já tínhamos passado juntas, e assim eu me fortalecia para seguir em frente.

No dia que perdemos você nesse plano, eu me lembro perfeitamente o horário e o que eu estava fazendo quando, naquele 14 de março de 2018, me ligaram, pedindo para alguém da família ir até o local do crime com urgência.

Mesmo sabendo que aquilo podia ser verdade, eu pedia dentro de mim para que fosse mentira e que eu estivesse apenas tendo um pesadelo.

Olhando profundamente para os meus pais e Luyara, vi que era eu quem tinha de ir. Não tinha outra opção. Eu jamais deixaria meus pais ou minha sobrinha passarem por aquele momento tão terrível. Até hoje eu me pergunto de onde veio aquela força e a rapidez na decisão em um momento tão amedrontador.

Ao chegar lá, a imagem que não sai da minha cabeça até hoje, foi ver sua mão pendurada e eu não poder tocá-la. Eu pensei em todas as vezes que você me levou para a escola, em todas as vezes que você me abraçou antes de eu entrar em quadra para jogar vôlei, e principalmente na vez que você segurou minha mão logo após eu ter minha primeira filha.

Como eu sou grata a tudo que vivemos juntas enquanto você estava aqui.

Hoje eu tenho certeza de que tudo que você fez por mim e comigo, foi definitivamente, me preparando para tudo que hoje tenho que dar conta sem você.

Quem me dera passarmos por isso mais uma vez.

Juntas e fortes, como sempre fomos.

Mas eu tenho entendido, aos poucos, que tenho uma missão por aqui, que é cada vez mais defender sua memória, carregar e multiplicar seu legado. Ainda encontramos muito ódio gratuito e muitas pessoas que não te conheceram, mas que te julgam apenas por ouvir histórias errôneas.

Por isso, eu sonho com o dia no qual as pessoas irão entender que ideologia política não deveria nunca falar mais alto do que valores humanos. Que nenhuma morte ou violência deveria ser comemorada e naturalizada. Que independente de esquerda ou direita, o diálogo deveria sempre prevalecer. E que nenhuma mãe deveria chorar vendo o sangue de seu filho ou filha sendo derramado covardemente.

E mesmo vivendo num mundo com tanto ódio, racismo, falta de valores e fascismo, eu sigo acreditando que preciso cada vez mais fazer com que as pessoas conheçam quem você foi e é, para que entendam os valores de nossa família e a nossa criação. E é isso que tenho feito todos os dias.

Todos os dias, acordo com a missão de fazer com que mais pessoas conheçam e repliquem o projeto de sociedade que você sonhou e fez acontecer. Uma sociedade em que o cuidado com o próximo, o afeto e o diálogo sejam o normal.

Uma sociedade em que consigamos celebrar nossas vidas e as vidas das nossas filhas e filhos, com dignidade e sem medo, referenciando a visão de mundo que você, e tantas que vieram antes, mas que tiveram suas vidas ceifadas, defendiam.

Por aqui, nossos pais seguem com uma tristeza estampada na cara, que só foi um pouco sanada agora com o nascimento de sua segunda sobrinha.

Nossa, foi lindo vê-los sorrir novamente, como eu não via desde março de 2018.

Sua filha já é uma mulher que entende o quanto a mãe foi e é importante. Ela segue estudando e crescendo como pessoa, da maneira que você sempre a ensinou. Cuida dela daí também, irmã!

E eu, mesmo caindo de vez em quando, sinto cada vez mais sua presença ao meu lado, me ajudando a tomar decisões no Instituto que batizamos com o seu nome, criando suas sobrinhas, inspirando outras mulheres a lutar e a seguir resistindo, e ajudando nossos pais a continuarem em frente, mesmo diante de tanta dor e saudade.

Aonde você estiver, feliz aniversário Mari!

Com amor, sua irmã e melhor amiga, Anielle

MARIELLE, TE AMO COM A MEMÓRIA, IMPERECÍVEL

MÔNICA BENÍCIO

Eu gosto muito de uma crônica da Adélia Prado em que ela afirma que "a memória é contrária ao tempo" porque é essa parte imaterial, inserida nos sentimentos, que nos confirma de fato que a morte sempre perde para o amor.

Quando amei Marielle pela primeira vez, aos 18 anos, o tempo era imaturo, cheio de inseguranças e fresco. Quando a amei pela última vez, na tarde de 14 de março de 2018, eu não sabia que o tempo se tornaria estático. Adélia diz que "o que a memória ama é eterno". Entre a primeira e a última vez que nos vimos, toda a memória é eterna, imperecível.

Os registros, em centenas de selfies que ela amava tirar, ou em muitos bilhetes apressados que trocamos nas cabeceiras da cama pela manhã, são só os artefatos de uma lembrança ainda muito viva e quente. Marielle foi meu primeiro amor. De certa forma, foi ela quem fez correr o tempo de amar em minha vida.

O amor em sua forma mais primitiva, violento, acachapante, paixão terrível, eu diria. Ser pequena diante do mundo e acreditar no amor, ainda sem nenhuma autonomia. Sob os olhares julgadores da igreja, da família, dos vizinhos e amigos. Depois aprendemos o amor ternura, compreensivo, cheio de dúvidas, amor amigo, companheiro. Crescer junto às vezes dói. Muitas vezes, entre idas e vindas, o amor perdão. O amor de inúmeras recaídas. Nenhuma fuga me fez ir embora, Marielle era morada. Namorada, que palavra difícil. Que palavra deliciosa. Por último, nosso amor maduro, à duas, a escolha dos móveis, a construção da vida, da casa, família, cachorro, o jardim. As confissões da política, misturadas com choro, riso, gozo. Os choques da rotina, minha disposição de diariamente correr por quilômetros pra gastar energia, o colo dela na cama, o abraço quente, e o chamego dela pela manhã.

Já doeu mais essas lembranças, hoje tento mantê-las como uma benção. É difícil quando você vive algo tão violento e que envolve pessoas que querem acabar com a sua família, não sentir ódio, dor e desespero. Ainda sinto, ainda procuro as respostas. Ainda estou furiosa. Mas o tempo faz a memória amar com mais gentileza. As memórias que vivi e construí com Marielle em nada se parecem com a sua morte e, de alguma forma, eu aprendi que separá-las permite que eles não roubem tudo que eu tenho. A nossa memória não pode ser somente a de um crime. Fomos um casal de lésbicas faveladas que conquistou poderes. Nos formamos na faculdade, moramos juntas sozinhas, começamos a construir nossa família. Lutamos juntas por uma sociedade melhor e por um mundo mais justo.

Depois disso, o tempo foi uma inquietante contagem de dias, meses, anos sem respostas. Até hoje sentenciado pela não resolução do crime político que tirou sua vida, que paralisou o tempo e os registros da sua presença. Eu posso confessar nessas páginas, que é uma sensação esquisita olhar essa Marielle que se tornou a inspiração de tantas pessoas. Esquisito porque, de certa forma, a gente sente um orgulho imenso de que seja isso mesmo: Marielle é o símbolo de uma resistência secular, de um povo, de uma gente que ainda acredita que o mundo pode ser diferente, que as pessoas devem ser respeitadas e terem seus direitos garantidos. Marielle é o símbolo legítimo de várias lutas mesmo. Ela trabalhou e viveu pra isso. É lindo ver que várias das fotos aqui presentes nesse livro também são de uma Marielle quase mítica, inventada pela teimosa ideia de que precisamos transformar o mundo. Elas se alastram mundo a fora em muros, postes, telões, nas salas de estar que tem a placa com seu nome e nos monumentos em sua homenagem. Todos me emocionam. Todos aqueles que acreditam nisso, são meus companheiros também nessa jornada. O luto foi à luta, afinal.

Mas seria mentira não dizer que uma parte de mim fica à espreita, olhando quieta para aquilo que não é público. Uma parte de mim fica apegada à carne, ao cheiro, ao creme de cabelo, às calcinhas, ao vazio da cama, às conversas de luzes apagadas, a tudo que ainda é só meu. A tudo que ainda era só ela. Como o amor de qualquer pessoa no mundo só é. Sabe essa poeirinha que paira no ar quando a gente olha a luz do sol entrar pela janela e fica acordada só vendo ela bailar o tempo, como se tudo pudesse ser calmo e devagar como essa dança? O amor é tal como essa cena, transforma o tempo naquilo que é sagrado e chama o que se é para dançar. Ser importa muito para quem ama. Por isso ainda sempre vai doer.

Quando vocês olharem as fotos desse livro, quero que olhem o olhar de uma pessoa que amou e foi amada, que foi namorada, amante, esposa, mãe, irmã, filha, amiga doce e companheira, camarada, dirigente política, vereadora, favelada, socialista, lgbt, mulher preta, foi sonho, foi luta, foi garra, foi vontade, desejo e paixão. Olhem com tudo que se é e nunca deixem de exigir saber #QuemMandouMatarMarielle e porquê?

As cartas de amor que trocávamos quase sempre terminavam com uma citação de Adélia Prado que dizia: "o que a memória ama fica eterno. Te amo com a memória, imperecível."

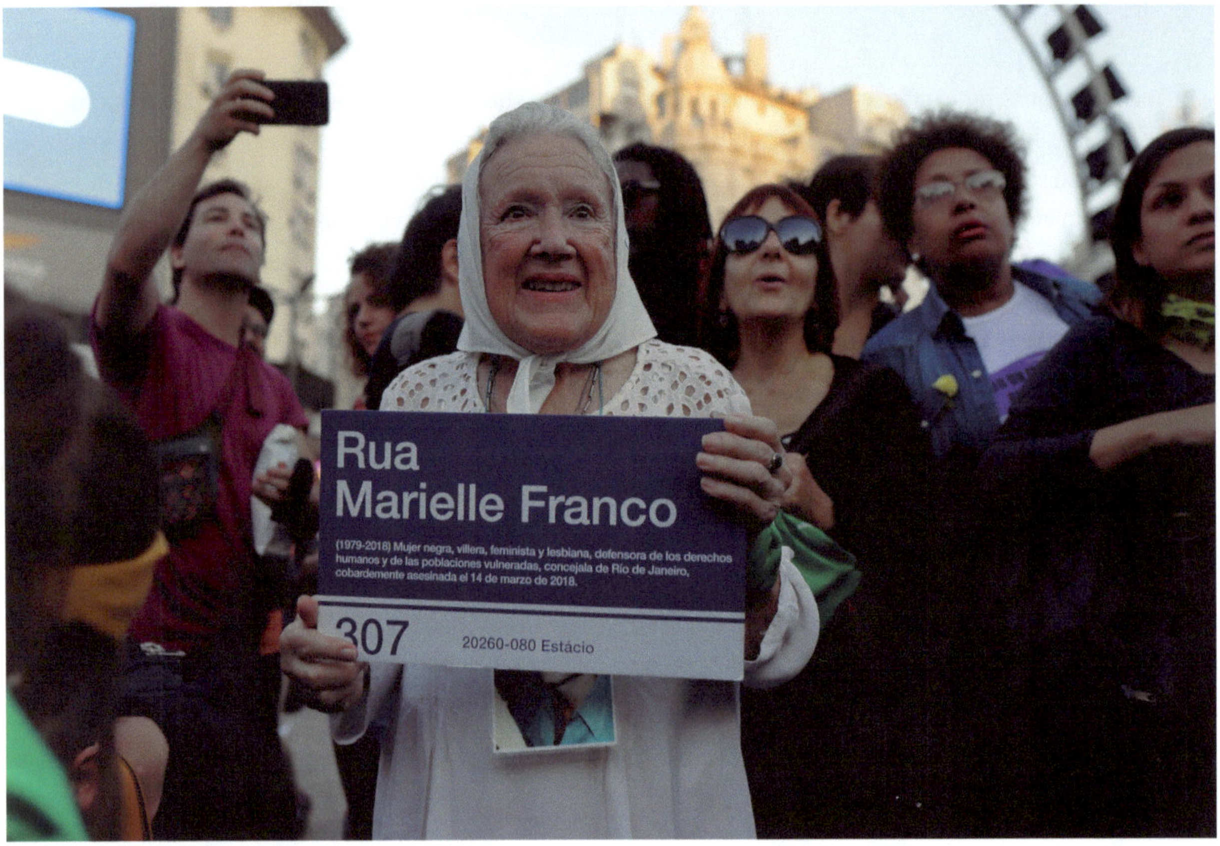
Rua
Marielle Franco
(1979-2018) Mujer negra, villera, feminista y lesbiana, defensora de los derechos humanos y de las poblaciones vulneradas, concejala de Río de Janeiro, cobardemente asesinada el 14 de marzo de 2018.
307
20260-080 Estácio

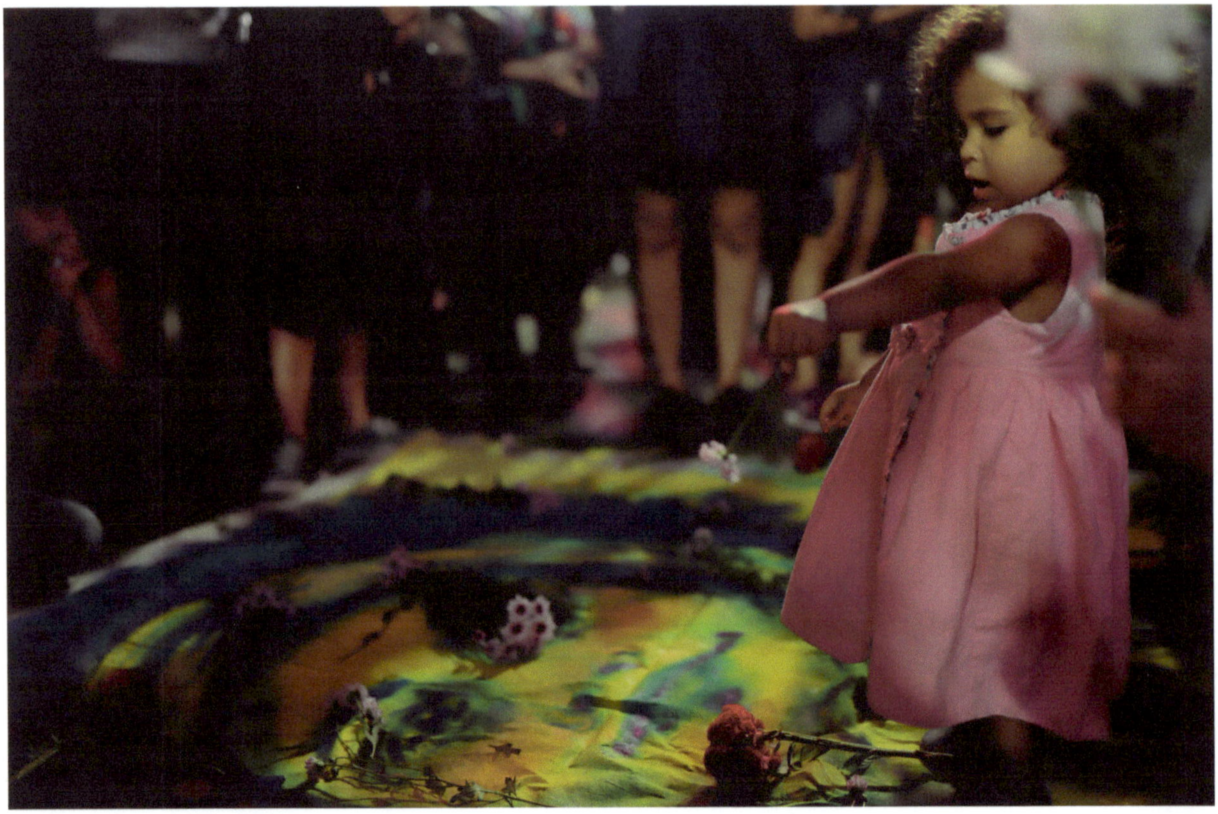

A IMAGEM, O PODER

MARCELO BRODSKY

Marielle Franco expressa a força da imagem que, no caso dela, é uma manifestação do poder de um ser humano. Sua imagem é real, não foi inventada, não se fabricou, não se criou de propósito. É aquela que decorre do fluxo natural da sua vida.

Sua imagem tem o mesmo poder emitido pela imagem de uma onça. A onça não posa, a onça é Marielle, Marielle não posa, Marielle é. A imagem sobrevive a quem a criou, multiplica-se após o seu desaparecimento físico e continua a cumprir sua missão.

A imagem de Marielle está desde o início ligada ao seu lugar de militância e vida nos subúrbios do Rio de Janeiro. Marielle foi uma militante ligada diretamente ao seu povo, integrada na comunidade, envolvida no cotidiano dos bairros pobres da cidade.

Marielle era uma mulher valente, cheia de coragem em todos os aspectos de sua vida. Ativa na política, consistente em suas denúncias das injustiças, representativa, carismática, referencial. Sua vida era coerente com suas ideias e com suas dúvidas. A mulher livre no seu pensamento, na sua militância e na sua sexualidade. Uma mulher que era a identidade de muitas outras, uma verdadeira líder das camadas populares da cidade, um modelo de mulher do seu tempo. Por isso a assassinaram, sabiam que ela jamais renunciaria às suas convicções.

Nesse roteiro de vida coerente e emblemático, Marielle caminhou com muitas amigas e muitos companheiros que tiveram a ventura de acompanhá-la pessoalmente. Havia entre eles muitos fotógrafos, que logo souberam distinguir o magnetismo da sua imagem e da sua personalidade. Os fotógrafos são sensíveis à imagem e ao que a imagem transmite, ao que ela provoca. Eles sentem o momento exato para registrar o que ocorre à sua volta – e clicar, e documentar aquele instante.

Marielle gerava naturalmente esses momentos o tempo todo. Os fotógrafos, principalmente seus amigos da comunidade da Maré, souberam aproveitar as muitas oportunidades de registrá-los para a posteridade. De frente, de perfil, de qualquer ângulo, a imagem de Marielle Franco transmite convicção e convida à ação. Ela é perfeitamente distinguível, é inconfundível, é poderosa. E esse "ela" é uma mistura do personagem, de sua imagem, sua convicção e sua natureza.

A imagem de Marielle, gravada de diferentes pontos de vista, de muitos ângulos, continua a nos falar todos os dias, ainda que tenha sido assassinada por pistoleiros sem rosto com apoio do Estado. A imagem registrada mantém vivas suas ideias, mantém vivo seu caminho. É uma imagem-símbolo, imagem de ação, imagem sensível às necessidades dos que têm menos. Uma imagem negra, brasileira. Imagem autêntica de uma pessoa exemplar, que não tinha medo e se orgulhava de sua liberdade.

(Tradução de Romildo Guerrante)

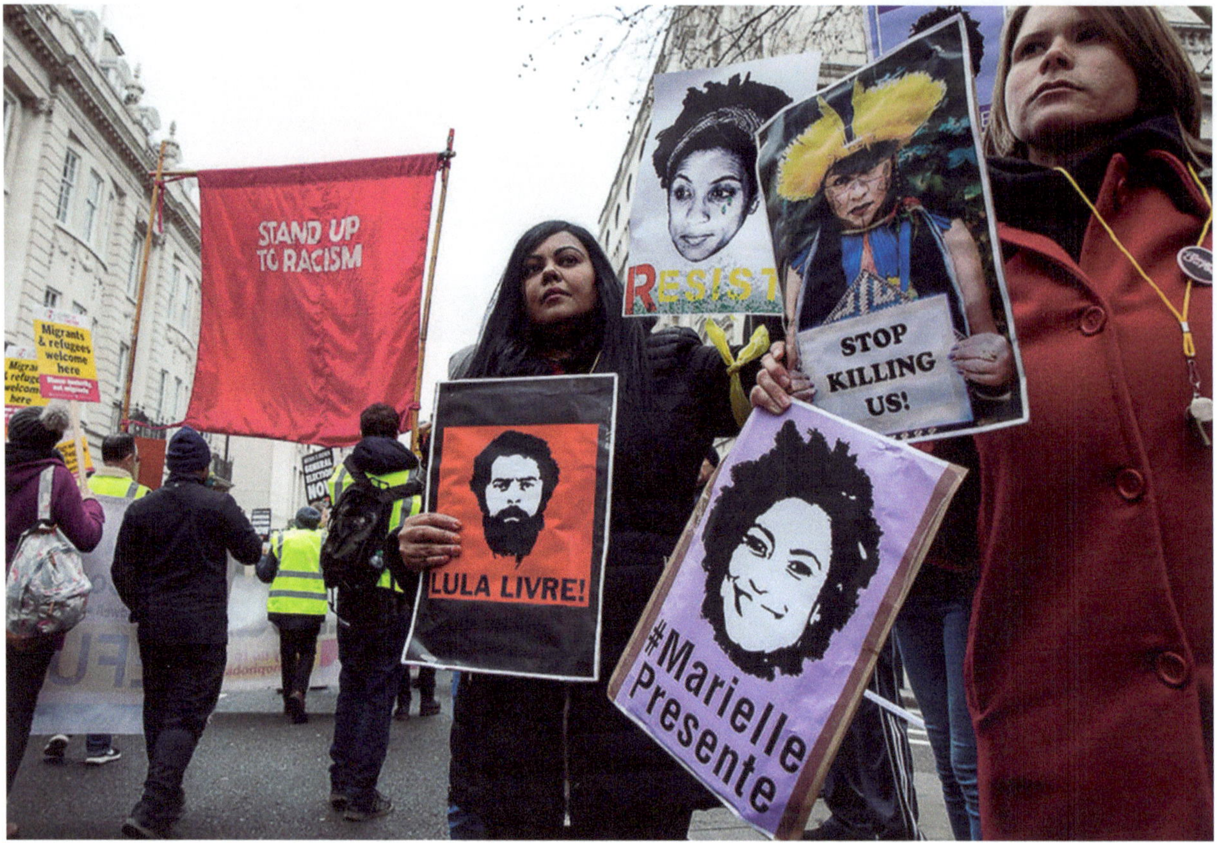

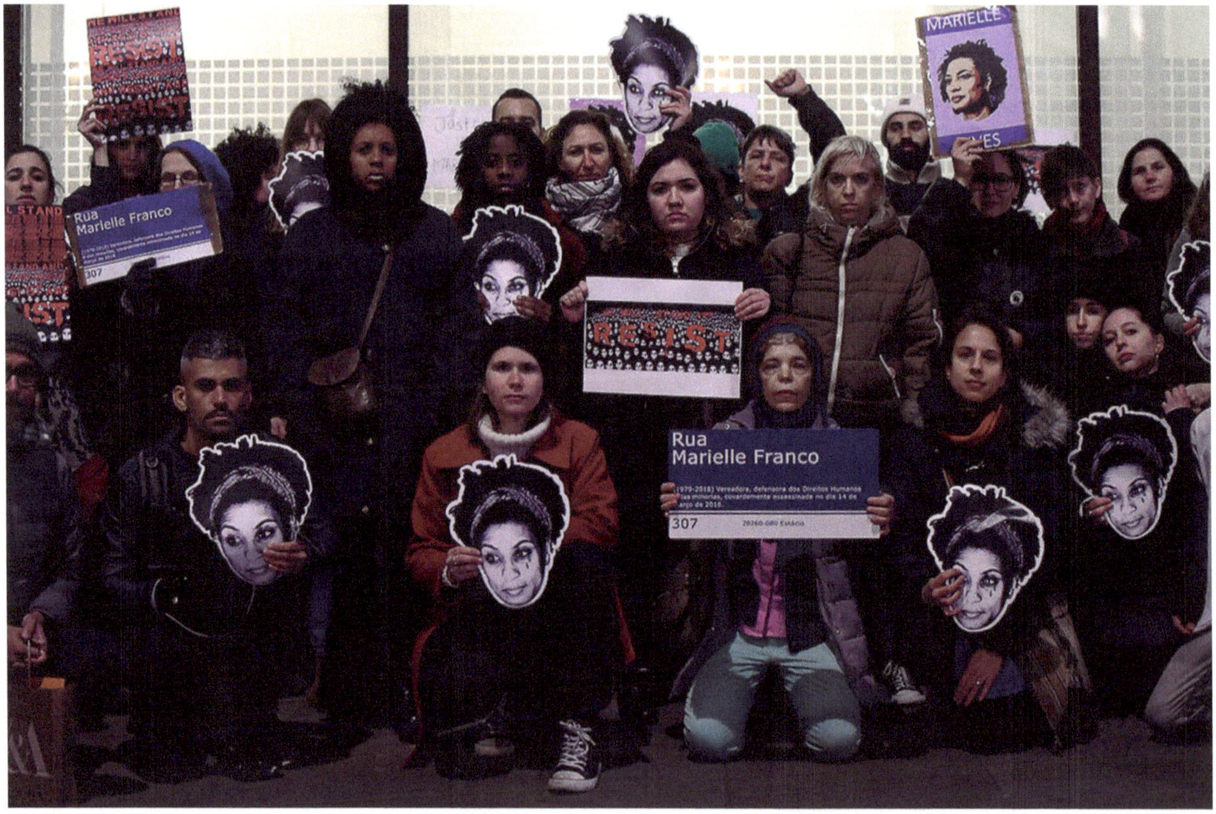

A MAIS LONGA MADRUGADA

ANDRESSA CALDAS

Todo mundo que conviveu com a Marielle, ou mesmo qualquer pessoa que não a conheceu mas foi arrebatada pela noticia do seu brutal assassinato, lembra até hoje onde estava e o que estava fazendo naquela noite que abalou o Brasil e que de alguma maneira transformou para sempre cada uma de nós.

Por volta das 22h de 14 de março de 2018, estávamos em casa, encerrando uma reunião do Coletivo Passarinho, um espaço político-poético que junto com companheiras e companheiros vivendo em Buenos Aires havíamos formado para denunciar o golpe contra a Dilma e lutar pela democracia no Brasil.

Gisele, uma companheira do Coletivo, iria ficar dormindo lá em casa. Sentadas no sofá engatamos numa conversa sobre nossas histórias afetivas. Por esses caminhos que só quem não acredita em coincidências reconhece, falei da Mari. Justamente nesta noite, sem saber ainda que enfrentaríamos a madrugada mais longa e triste das nossas vidas, eu contava para Gisele um episódio muito íntimo e difícil da minha vida, em que Marielle - quando era candidata a vereadora e estava em plena campanha –não só intercedeu por mim, como tomou minhas dores e tomou partido na defesa de uma outra mulher. Ela nunca me contou, nem fez propaganda disso. Fiquei sabendo meses depois, através de dois queridos amigos nossos: Marcelo Freixo e Isabel Mansur. Nunca tive a chance de agradecê-la pessoalmente, em vida.

Umas horas depois de relembrar esta história, peguei meu celular e vi entrando na tela um sem número de mensagens de whatsapp. A madrugada inteira de buscas de informação na internet, ligações desesperadas com outras companheiras. Foi a noite mais longa das nossas vidas. No dia seguinte, éramos uma multidão de gente entristecida ocupando o Obelisco com flores nas mãos, se abraçando, chorando, escrevendo cartazes e lendo poesias. Um mês depois convocamos Abuelas, Madres de la Plaza de Mayo e outros defensores de direitos humanos, movimentos de favela, organizações do movimento negro, lgbti, feministas, partidos e movimentos sociais de esquerda, em um ato que virou inesquecível em Buenos Aires - justamente porque interseccional e transversal como era Marielle - num local emblemático chamado Parque da Memória. Porque dessa vez não iríamos esquecer e nem deixar que fosse esquecido o que fizeram com nossa companheira e com a nossa democracia. Desde então nunca mais deixamos de ocupar as ruas, a cada 14 de março, no Brasil e no mundo, para celebrar a vida de Marielle e pedir justiça.

Aos 38 anos, Marielle estava despontando na política (voava!), cada discurso seu, mais afiado e assertivo. E ela, por dentro e por fora, cada dia mais deslumbrante. Todo mundo comentava: Marielle estava desabrochando, assumindo publicamente sua sexualidade e vivendo de forma apaixonada com o amor da sua vida, Monica Benício.

Em uma das últimas vezes que nos falamos virtualmente lhe pedi sua assinatura num manifesto pela libertação de Milagro Sala. É muito triste, revoltante, pensar que enquanto escrevo estas linhas, caminhamos para completar 5 anos do assassinato de Marielle, ainda seguimos sem respostas sobre os mandantes do seu assassinato e Milagro Sala continua presa. Em pleno século XXI, parece que ainda é crime defender os direitos humanos.

Desta vez, como em todas as outras, Marielle respondeu logo, afirmativamente. A Mari era assim com todo mundo: autoridades, companheiros de militância, vítimas de direitos humanos, familiares de policiais mortos em serviço: uma pessoa de escuta atenta e atenciosa, sempre disposta a ajudar, encaminhava questões difíceis, não deixava ninguém sem resposta. Mesmo na correria, com a agenda apertada, sempre lembrava de perguntar das crianças. Guardo como relíquia a sua última mensagem, lembrando do aniversário da Luiza: "parabéns atrasado pra moça da família. dá bjs nela e no pedro". Toda vez que falam de "política com afeto", eu lembro destes pequenos grandes gestos que só um ser humano gigante pode oferecer.

Deve haver centenas de outras histórias particulares como essa que falam da generosidade (silenciosa), da entrega militante (sem fazer alardes) da Mari, que dizem do seu trabalho incansável e muitas vezes não reconhecido (de formiguinha) à serviço das pessoas mais vulnerabilizadas da sociedade, e na luta cotidiana, difícil e incansável pelos direitos humanos. Cada uma destas histórias mínimas, da mesma forma que cada imagem e retrato estampados neste livro, ajudam a contar um pouco sobre esta mulher tão integral e presente. Uma verdadeira defensora de direitos humanos. Nossa melhor e maior referência. Hoje, mais do que nunca, celebrar a memória de Marielle Franco significa reconstruir a história do Brasil e refundar nossa democracia. Interseccional, transversal, diversa, de escuta atenta, inclusiva e com afeto. Como ela.

MARIELLE, VOCÊ VIVE EM NÓS

MELINA DE LIMA

Nós, população negra brasileira vivemos, diariamente, uma tragédia. O racismo sem vergonha, que mata, tira a voz, a felicidade, a paz, o afeto e nos envergonha, é alvo diário de luta.

Marielle lutava por nós, era necessária, me corrói sua partida tão cruel e covarde. Sou neta orgulhosa de Lélia Gonzalez, cresci sabendo que precisamos lutar, reagir a qualquer tipo de violência, precisamos ocupar espaços. Cresci sabendo o quão difícil é chegar nesses espaços e Marielle chegou lá. Chegou, ficou, lutou, balançou as estruturas, se foi tornando-se eterna.

Mulher, negra, favelada, lésbica. Marielle era a personificação das maiores lutas do nosso país, tinha a potência para dar voz a elas. Sem medo, grandona, penso nela sempre assim, com sua presença potente, amorosa e feroz. Colocava em seu devido lugar quem ousasse tentar tirar sua razão. O meio político é cruel e falso, Marielle partiu meses antes de vivermos um dos períodos mais vergonhosos da nossa história. A impunidade em que sua morte ainda se encontra, certamente tem a ver com esse momento. Tanto que meu sentimento é de esperança. Solucionar o crime que te levou é emblemático, necessário, sinto que agora vai.

É inacreditável que, em 2023, precisemos reafirmar, diariamente, a existência do racismo, machismo, homofobia, mas ainda é uma realidade. Saiba que sua vida ajudou a tornar essas mazelas mais críveis.

Você, Marielle, nos deu esperança, você era nossa voz potente. Uma tragédia te levou, mas não te findou. São pessoas iluminadas que nos fazem manter a luta e seguir com vontade e esperança, nos fazem acreditar num mundo mais justo.

Marielle, você vive em nós.

Marielle
Nella LOTTA al PATRIA
allo SFRUTTAMENTO e

MARIELLE FRANCO

MARIELLE FRANCO
E A FOTOGRAFIA POPULAR

JOÃO ROBERTO RIPPER

Este livro celebra a memória de Mariellle Franco através das imagens produzidas por fotógrafas e fotógrafos formados na Escola de Fotógrafos Populares, um projeto criado em 2004 pelo Observatório de Favelas, no Complexo de Favelas da Maré, RJ. Não por acaso, essa afinidade começou a tomar forma justamente porque a Maré foi o pano de fundo onde tanto Marielle quanto para essa rapaziada da Escola lutaram juntos, cada qual com suas armas, pela emancipação dos direitos humanos na cidade do Rio de Janeiro. Ela, nas trincheiras da política partidária, sendo filiada ao Partido Socialismo e Liberdade (PSOL) e elegendo-se vereadora aqui no Rio durante a eleição municipal de 2016; já a rapaziada, publicando livros, realizando exposições no Brasil e no exterior, ministrando aulas presenciais e on-line, sempre irradiando uma visão afetuosa e solidária para com os espaços populares.

Marielle Francisco da Silva, que mais tarde passou a assinar Marielle Franco, era filha de Marinete Francisco e Antonio da Silva Neto, tendo sido criada no catolicismo, nas brincadeiras da favela e no trabalho duro. Dos 11 aos 18, Marielle ajudou os pais atuando como camelô, indo depois trabalhar como educadora infantil em uma creche e dividindo seu tempo com os bailes funk, onde faturava um extra como bailarina na equipe Furacão 2000. Aos 19 teve sua única filha, Luyara, e aos 23 foi a primeira da família a ingressar em uma universidade, a PUC RJ, onde cursou Ciências Sociais com uma bolsa integral do Prouni e, na sequência, concluiu o mestrado em Administração Pública oferecido pela Universidade Federal Fluminense. O sucesso e a ascensão social não esconderam a relação de amor com suas origens: era nos subúrbios cariocas que seu coração pulsava forte, os olhos brilhavam, e a voz soava orgulhosa quando ela se apresentava como "cria da Maré".

Sem querer forçar uma comparação ou medir graus de importância, boa parte dessa gente que enveredou pela fotografia popular também é "cria da Maré" e, tal qual Marielle, aprimorou sua formação em universidades públicas, construindo trajetórias igualmente inspiradoras: Elisângela Leite, AF Rodrigues, Luiz Baltar, Thais Alvarenga, Marina Alves, Marcelle Gerbara e Bira Carvalho - que nos deixou ano passado - são alguns desses nomes, cujas trajetórias no campo da comunicação popular têm sido marcadas pela veiculação de uma imagem da favela produzida sob a ótica do pertencimento, pautada na beleza dos fazeres e na dura luta pela sobrevivência. Essa, a propósito, era a ideia motriz da Escola de Fotógrafos Populares, projeto pedagógico complementado pela agência Imagens do Povo, espaço concebido para que os fotógrafos do programa pudessem apresentar seus portfólios em um banco de imagens e para que eventuais clientes pudessem comprar fotografias ou encomendar trabalhos. Outros nomes de peso também contribuíram com imagens para esta publicação e, embora não estejam ligados diretamente à Escola, têm um compromisso histórico com as favelas e são parceiros de jornada: AC Junior, André Mantelli, Bárbara Dias, Leon Diniz, Patrícia Gouvea, Marcia Foletto e a rede de comunicação Mídia Ninja.

Quem conhece de perto as favelas costuma sentir na pele o impacto da convivência com caveirões, balas perdidas e com uma atuação policial que parece legitimar milhares de mortes nas periferias, em especial de jovens negros, produzindo dados sem paralelo no mundo. Aqui, a atuação de Marielle é soberana e não permite comparações. Além de sua atuação em organizações da sociedade civil, tais como o Centro de Ações Solidárias da Maré (Ceasm) e a Brasil Foundation, ela coordenou a Comissão de Defesa dos Direitos Humanos e Cidadania da Assembleia Legislativa do Rio de Janeiro (Alerj), foi presidente da Comissão da Mulher na Câmara, além de participar de diversos coletivos e movimentos feministas, negros e de favelas, atendendo aos pais de pessoas assassinadas, aí incluídas as mães dos policiais mortos em ações.

Tudo indica inclusive que o brutal assassinato de Marielle Franco, no dia 14 de março de 2018, ao sair de um desses encontros de mobilização política, tenha sido consequência do empenho da vereadora em combater a necropolítica. A ausência de imagens em câmeras de segurança, o desaparecimento das armas na baía de Guanabara e a aparente omissão nas investigações sugerem que os 13 tiros disparados na direção do carro onde Marielle foi executada com seu motorista e amigo Anderson Pedro Gomes foi encomendada por quem se sentia incomodado.

O curioso nessa história é que, ao contrário do que imaginavam assassinos e mandantes, a morte de Marielle Franco acabou amplificando a luta da combativa vereadora. Sim, Marielle morreu, mas seu legado fez nascer em milhões de corações a vontade de abraçar as causas que ela defendia. E fez nascer o Instituto Marielle Franco, criado por sua família com a missão de inspirar, conectar e potencializar milhares de jovens, negras, LGBTQIA+ e periféricas a seguirem disputando espaço nas narrativas que movem as estruturas sociais, fez nascer a Escola Marielles, fez nascer o Centro de Memória e Ancestralidade, culminando com a indicação de sua irmã, a jornalista, ativista e professora Anielle Franco para o cargo de Ministra da Igualdade Social do Governo Lula.

Por fim, fez nascer também este livro, com imagens carregadas de admiração e afeto, assim como fará nascer outras tantas iniciativas ao longo do tempo, até que possamos conviver em um país onde o ódio vá progressivamente dando lugar ao bem-querer.

Justiça para Marielle Franco!

FOR FEARLESSLY
DEFENDING
OTHERS
#MarielleLivesOn

MARIELLE FRANCO
A MEMÓRIA EM IMAGENS

THAIS ROCHA

Para celebrar a memória e o legado da vereadora carioca Marielle Franco, preparamos esta singela homenagem fotográfica que reúne alguns de seus retratos feitos pelas das lentes de fotógrafos populares, fotógrafas negras, fotógrafos da Maré, amigos, fotojornalistas e demais produtoras/es de imagens, como mais uma forma de eternizar a sua história e seus ensinamentos. Cria da Maré, Marielle representa um conjunto de esperanças. Seus passos vêm de longe e suas referências sobre práticas políticas foram forjadas dentro de casa, no seio de uma família de mulheres fortes e militantes, atuando pelo fortalecimento das suas identidades e proteção das suas comunidades. Com uma visão crítica sobre a experiência que viveu, formou-se em Ciências Sociais e passou parte da sua vida preparando-se para transformar a realidade do seu território, mas, ela foi além e se tornou a semente da mudança ao conquistar mentes e corações trazendo mais consciência e representatividade, sobretudo para as mulheres negras, antes, durante e depois do seu mandato.

O brilho de Marielle Franco, mulher, negra, favelada, bissexual, filha, mãe, irmã, companheira e amiga orienta a caminhada de muitas da nossa geração e, certamente, orientará também os passos de gerações futuras no combate às injustiças e desigualdades. Como ela dizia, a política também é nossa e nós devemos nos organizar para ocupá-la. Seguiremos firmes na busca por respostas. Quem mandou matar Marielle Franco?

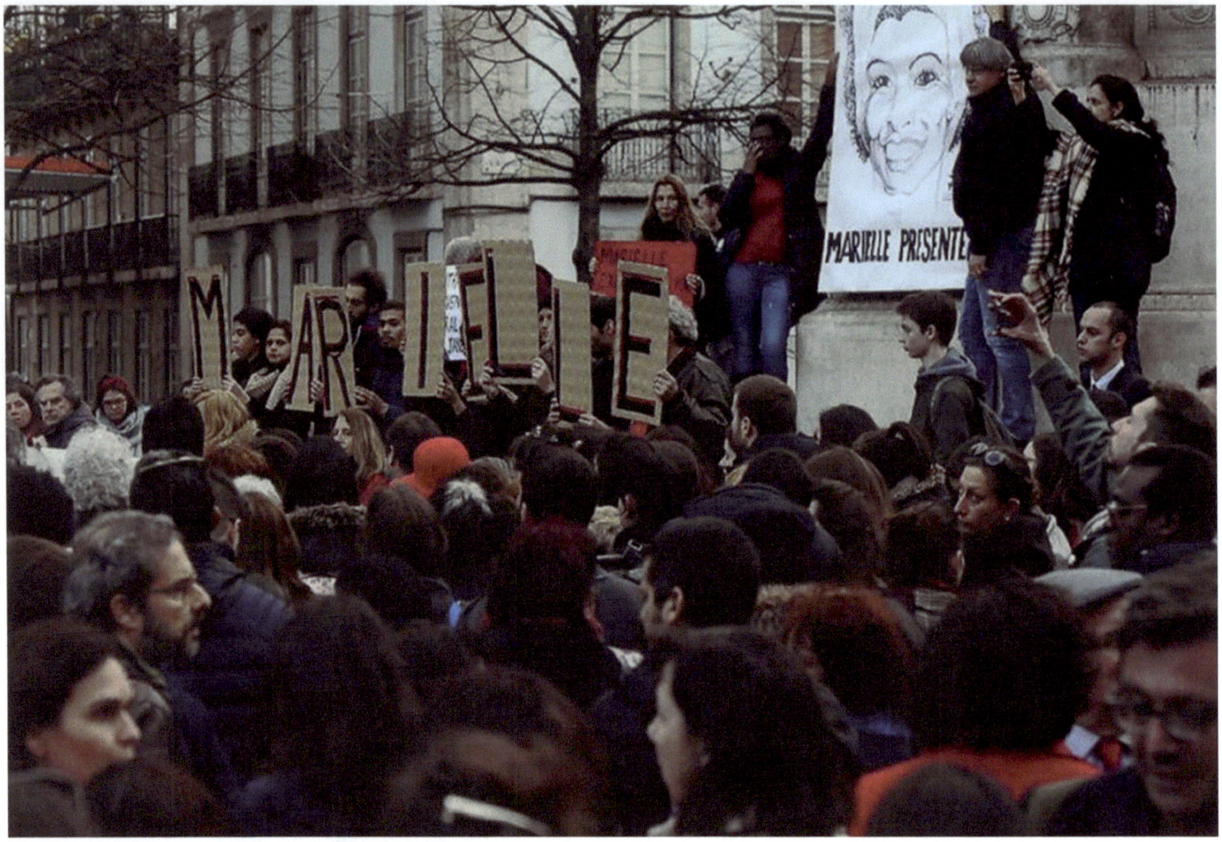
MARIELLE PRESENTE

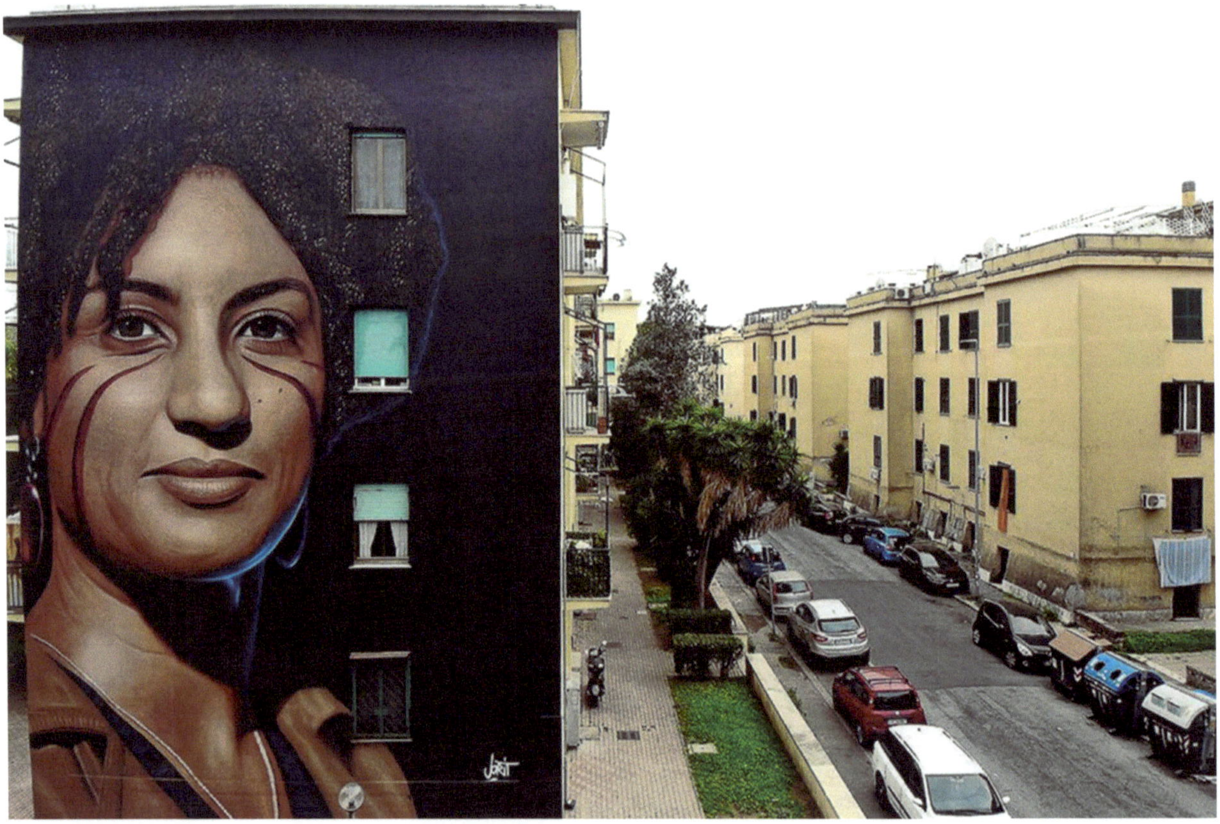

MARIELLE
UMA RUA, UM BEIJO

PILAR DEL RÍO

Não cheguei a conhecer Marielle Franco e, ainda assim, ela faz parte da minha vida. Todas as manhãs, quando chego à Fundação José Saramago, entro pela Rua Marielle Franco, vejo a placa com o seu nome e nela deposito um beijo. A placa foi colocada na sede da fundação por decisão dos seus trabalhadores, indignados com a notícia desse crime horrível que aconteceu no Rio de Janeiro. O mar que supostamente separa Brasil de Portugal também une os países e as pessoas, por isso não foram necessários muitos dias para ficar claro que na entrada da nossa sede, em Lisboa, deveríamos reconhecer o trabalho e a figura de Marielle Franco e repudiar as políticas de fomento ao ódio, ao racismo, à homofobia, à misoginia e qualquer outro tipo de exclusão contra os nossos semelhantes. Na Fundação tremula a bandeira dos Direitos Humanos, que é o lugar onde cabemos todos. Ao seu lado está outra bandeira, a dos Deveres Humanos, que é a fórmula cívica escolhida para demonstrar que na construção da sociedade somos, todas e todos, imprescindíveis. Esse é o exemplo de Marielle, a participação cívica ativa para superar a barbárie.

No dia 8 de março de 2018 assisti à manifestação do Dia das Mulheres em São Paulo. Foi muito bonito ver milhares de mulheres, talvez centenas de milhares, desfilarem pela Avenida Paulista reivindicando uma sociedade melhor, em que participe, em igualdade e com liberdade, a metade da população que somos nós, as mulheres. Comoveu-me escutar ser gritado o lema: "América Latina será feminista ou não será". Tive claro nesse momento que o continente, se quiser ser inclusivo, casa aberta para todas e todos, precisa da participação das mulheres, com elas o continente será um exemplo de qualidade para o mundo. Disseram-me que a manifestação no Rio de Janeiro também tinha sido muito grande e me falaram de Marielle Franco, uma liderança com muito futuro. Seis dias depois ela foi morta, assassinada por aqueles ignorantes, canalhas, criminosos que não querem dar espaço a ninguém, não querem que cada ser humano tenha um lugar ao sol. O assassinato de Marielle foi, por isso tudo, algo pessoal, um crime que não perdôo, assunto que cabe não só à Justiça e à política, mas também diz respeito a quem, como eu, sente que lhe foi retirado parte do que tinha de melhor. Esperamos que a figura de Marielle frutifique, que o seu sorriso, a sua doce cor, as suas idéias e até os seu cabelos sejam semente do feminismo que nós mulheres necessitamos, e também necessitam os homens que não estão dominados pelas idéias do patriarcado, submissos a dogmas sociais, que são contrários ao poder não democrático, que constroem novos mapas onde reina a harmonia. Marielle Franco é um símbolo que nos contempla, bendita seja.

Pour sa mémoire, pour les droits des femmes, pour la démocratie, pour une rue Marielle Franco à Paris
mardi
26 mars 2019
18h-21h
Mairie du 10e de Paris
Salle des Fêtes
72 Rue du Faubourg Saint-Martin, 75010 Paris
MARIELLE À PARIS
Débat avec Mônica Francisco, Márcia Tiburi et Silvia Capanema animé par Maud Chirio. Projections de vidéos et photos.
Red.Br

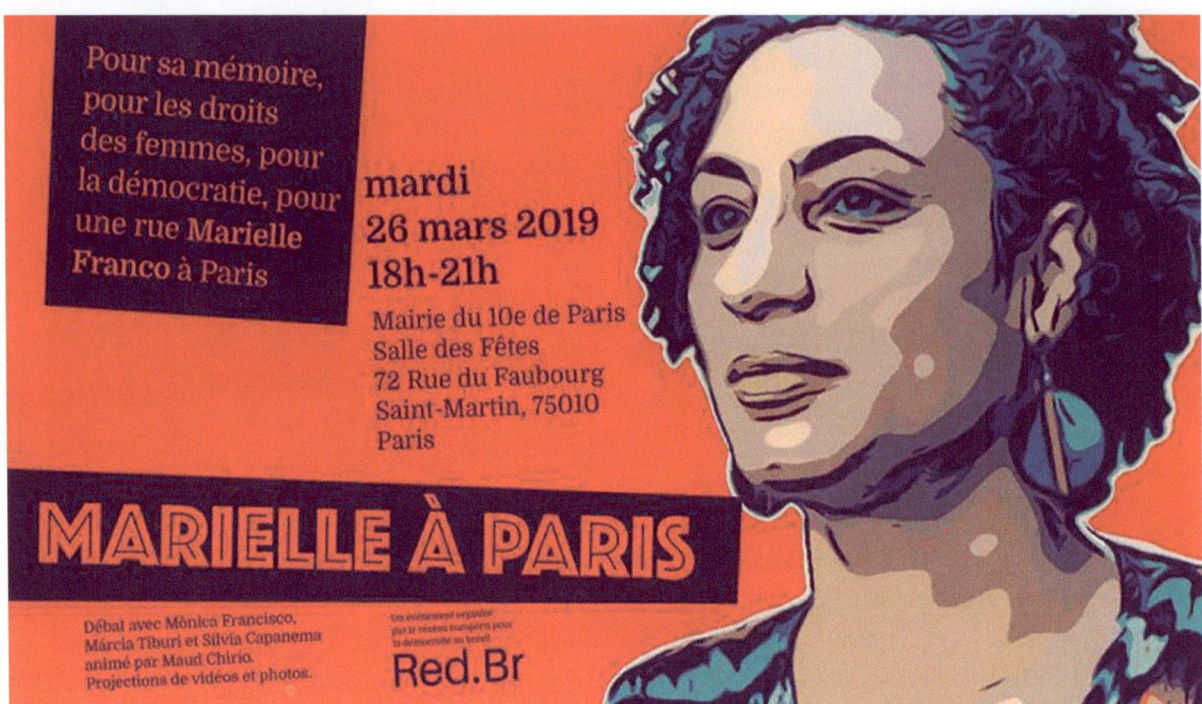

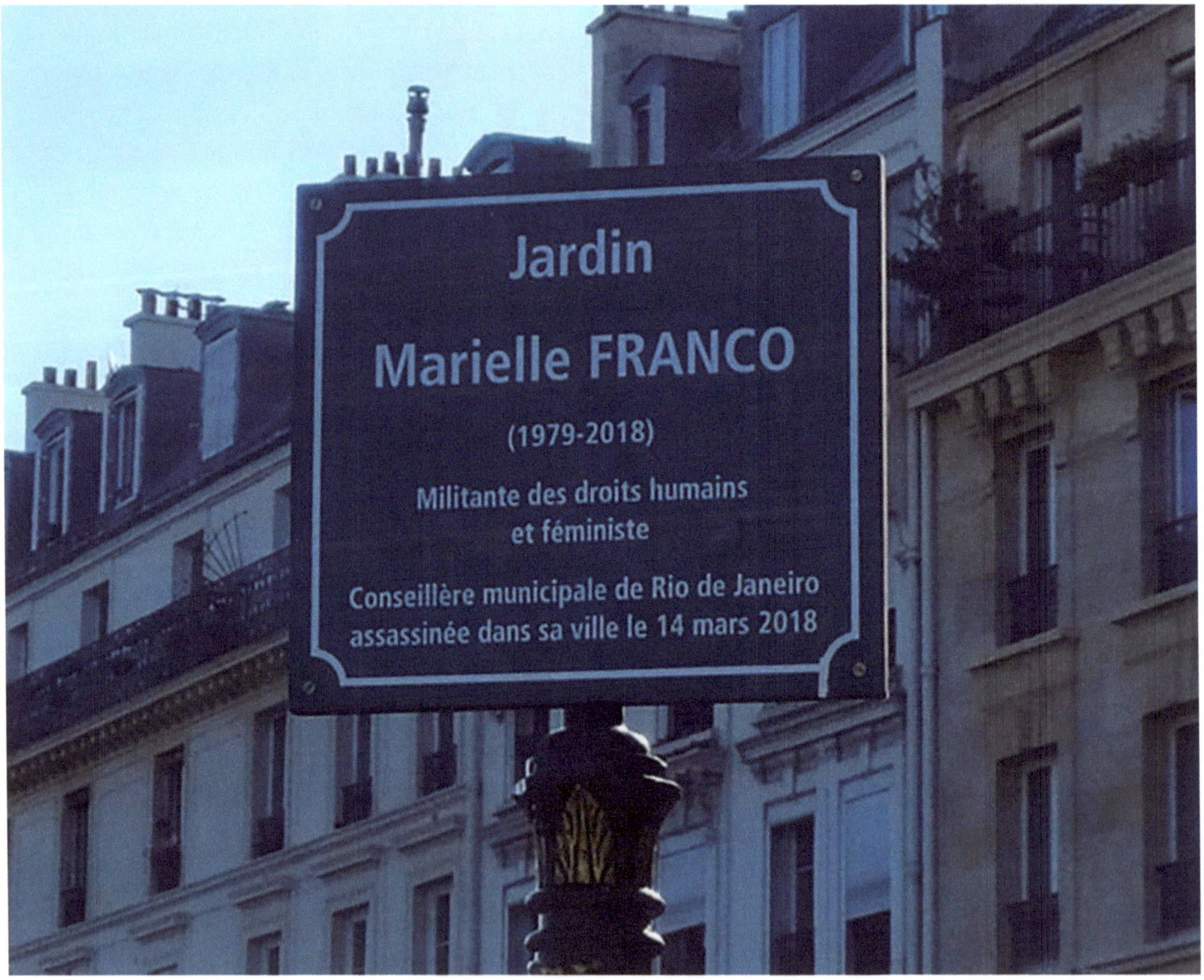
Jardin
Marielle FRANCO
(1979-2018)
Militante des droits humains et féministe
Conseillère municipale de Rio de Janeiro assassinée dans sa ville le 14 mars 2018

AGRADECIMENTOS ESPECIAIS - DOADORES DA CAMPANHA DO LIVRO

Adelaide k Pustai | Adelia Maria Franco de Arruda | Adelia Zimbrao | Adelina Cristina Pinto (Kica) | Admilson dos Santos Canuto | Admilson dos Santos Canuto | Adriana Costa | Adriana Gerônimo Vieira Silva | Adriana Gomes Fernandes | Adriana Graciano | Adriana Kamei | Agnes Cristiane Torres Demite | Aila Silva | Alain Marc Chaumet | Alana Maria Soares | Alden Cálamis Ribeiro Damasceno | Alex Santos | Alexandre Carlos Ricon Baldessarini | Alexandre M Altberg | Alexis Dants | Alfésio Braga | Alice Carvalho da Silva dos Santos | Aline Covolo Ravara | Aline Perez da Costa | Aline Rafaela de Almeida | Aline Rodrigues Santos | Aline van Langendonck | Aliosio Batista Real | Alvaro Albuquerque | Alvaro Lins e Silva | Alvaro Moura | Amanda Braga | Amanda Cotrim Kazniakowski de Paiva | Amanda de Albuquerque | Amanda Maria Sampaio Moraes Leite | Amanda Melillo | Amélia Cohn | Amelia Doria | Amina Sophia Nogueira | Ana Beatriz Pinheiro | Ana Carla Vaz Porto | Ana Carolina Barreto | Ana Cláudia Moraes Rosas | Ana Couto | Ana Cristina da Silva | Ana Cristina dos Santos Viana | Ana Diolina Álvares de Amorim | Ana Lucia Cortegoso | Ana Lúcia da Silva | Ana Lucia de Moura | Ana Lucia Guimarães de Araujo Neves | Ana Luiza de Quadros | Ana Maria de Almeida | Ana Maria de Freitas | Ana Maria Dias Galvão | Ana Monteiro Carsalade | Ana Paula dos Reis Andrade | Ana Paula Goncalves Neves | Ana Paula Lacorte Gianesi | Ana Paula Meneghetti Coelho | Ana Paula Ribeiro | Ana Paulina Aguiar Soares | Anaís Suassuna Simões | Anamaria Teles | Ananda | André Custódio Pecini | André Florêncio Evaristo | André Luís Pires Leal Câmara | André Luiz Ferraz Martins | André Mateus Yoshimura | Andréa Azambuja | Andrea Barbosa Damacena | Andrea Cassa | Andrea Pires dos Santos | Andrea Villas | Andreia Novo | Andre Jorge Campello | Andressa Xavier | Anelise Fróes da Silva | Angela Corrêa | Angela de Abreu Fagundes | Angela Magalhães | Angélica Daltoé | Angelo Storino Barcellos | Anielle Santos dos Reis | Anna Karla Conhasco Dantas | Antonia Aleixo Fernandes | Antonio Pacca Fatorelli | Antonio Prata | Antônio Paulo Barêa Coutinho | Aran Rotbande | Ari Holtz Neto | Aristides Oliveira | Arno Llantada Seibel | Arnulf Fanny | Aryanne Paiva da Felicidade | Aspazia Barcelos | Associação dos Amigos do Museu Judaico do Estado de São Paulo | Associação Labiaca | Athos Etienne Pereira de Vasconcellos | Audrey Furlaneto | Augusto Gomes | Beatriz Camargo Virgínio e Silva | Beatriz Fragelli | Benedita Gouveia Damasceno Simonetti | Bernadete de Assis Caetano | Bernardo Esteves Gonçalves da Costa | Bernardo Guerreiro | Bernardo Weinstein Neto | Bia Correa do Lago | Bruna Barranco | Bruna Barros Machado | Bruna Cruz Baptista | Bruna Diniz Franqueira | Bruna Louise de Oliveira Azevedo | Bruna Sampaio Torrano | Bruno Felipe Duarte da Silva | Bruno Luiz Nunes Peres Guerreiro | Bruno Miranda Neves | Cacilda Patricio Teixeira | Caio Gomes | Camila Costa Cardeal | Camila Dantas Nahim | Camila Ferreira Moreira | Camila Martins | Camila Rosadas | Camila Tobio Emmerich | Carla Cristina Carvalho | Carla Maria Gastal | Carla Siqueira | Carlos Alberto Nascimento | Carlos Alberto Suffredini | Carlos Alberto Zenóbio da Costa | Carlos Augusto Amaral Hoffmann | Carlos Eduardo Martins Silva | Carlos Esposito | Carlos Felipe Rezende Lacerda | Carlos Roque Barbosa de Jesus | Carmen lucia Augusto de Souza | Carmencita Aparecida Rezende | Carminha Cabral Carpintero | Carol De Marchi | Carol Machado Lopes | Carolina Carvalho Dutra da Silva | Carolina Menezes Horiquini | Carolina Piraine Vega | Carolina Porto | Carolina Ronconi | Cássia Alves | Cássia de Jesus Antunes | Catalina Kiss | Cecilia Novato Alves | Cecilia Novato Alves | Cecilia Silva Girão | Célia Regina Granhen Tavares | César Brandão | Christina Fuscaldo de Souza Melo | Cibele da Costa Silva | Cinthia Maria do Carmo Gomes | Clarice Araújo Imbuzeiro | Clarice Cohn | Claudia Agnelli | Claudia Cristina Montenegro Nunes | Cláudia Fiani Braga | Claudia Maria Girão Barroso | Claudia Osorio da Silva | Claudia Regina Castellanos Pfeiffer | Claudia Reis | Claudia Roquette Pinto | Claudia Sander | Claudia Travassos | Claudio Ernani Braga Guimarães | Cláudio Graziano Fonseca | Claudio Motta | Cláudio Yusta | Claudson Bennitt Silva | Cleber Lirio | Cleide Maria dos Santos | Cleide Valladão Fagundes | Clemilton Fernando Barbosa Tabosa | Constância Laviola Carreiro | Constantino José Bezerra de Melo | Constantino Martins Pinto | Courtney Allen | Cristiane Checchia | Cristiane Maria de Oliveira | Cristiane Otoni Gomes | Cristiane Teixeira Rodrigues | Cristina Alho | Cristina Catunda | Cristina Mendonça | Cristina Neme | Cristina Pimentel da Silva | Cristina Pimentel da Silva | Cynthia Barros | Cynthia Maria Ferreira Marques | Cynthia Maria Ferreira Marques | Cynthia Roncaglio | Dácio Rodrigues | Daiene Mendes | Daisy Aparecida Domingues | Dalmo Alves da Silva | Dalton Oliveira | Dan Ramos | Daniel Augusto Ribeiro

Pereira | Daniel Mazza Ramos | Daniela Antonelli Aun | Daniela Antonelli Aun | Daniela Camargo | Daniela Donação Dantas | Daniela Pereira Palma | Daniela Rodrigues Viana Duarte | Daniela Scapin Rosa Scapin | Daniela Scarpa | Daniela Thomé De Souza D Elia | Daniela Valentim dos Santos | Daniele Gross | Daniele Tiemi Tetsuya | Danielle da Silveira Pereira | Danielly Ribeiro | Danilo Tashima | Danny de Souza | Danusa Marques | Danuta Chmielewska | Dario Roitberg | Darlene Marques Ribeiro | Daumir Aparecido das Neves | Dayanna Louise Leandro dos Santos | Debora Campos | Débora Maria Moura Medeiros | Deidi Lúcia Rocha | Deise Kempka | Denise Herdy Afonso | Denise Meira | Denise Nader | Denize Aparecida Rodrigues de Amorim | Diana Sueli Vasselai Simão | Dilma Ramos | Diogo Nascimento | Diva Souza Silva | Dora Zabin Torezani | Dórian Aparecida Rodrigues Gaia |Dorivaldo Salles de Oliveira |Douglas de Jesus Gonçalves |Dulce Tamara da Rocha Lamego da Silva | Edinor Angeli | Edna Maria de Santana Prates | Eduarda Alves | Eduarda Lazari | Eduardo Antonio Alondo Lacombe |Eduardo Gomes Worms | Eduardo Perácio | Eduardo Pires Rosse |Eduardo Zorzetto Garcia |Elaine Vasconcelos da Silva |Eliana Maria Siqueira Carvalho | Eliane Antas | Eliane Alves | Eliane Bueno de Sá |Elianne Maria Ferreira Curvo |Elida Azevedo Hennington |Elisa Brazil Protasio |Elisa Mendonça |Elisangela da Silva Azevedo |Elisangela da Silva Azevedo |Elô Lebourg |Eloisa Mendonça |Eloisa Rodrigues dos Santos |Elson Cormack | Elvia Viana Gomes Arêas |Emanuelle Abreu Azevedo |Emília Corrêa | Emma Otta |Emmanuele Pampolha de Macedo |Enio Adolfo Fazolo |Erica Cristina Farias |Erick Pontes Riggi | Érika Hissa Dahi | Erika Jane Ribeiro |Estela Espirito Santo | Estevão Lopes Garcia | Eugenio Guerim Junior |Evelyn Goyannes Dill Orrico | Everaldo Donizete Perez | Evilaine Maria Cunha de Aquino | Fabio de Faria Peres | Fábio Erdos | Fabio Nepomuceno | Fábio Vinicius de Lima Andrade |Fafate Costa |Faliny Barros Rezende |Felipe Bruno Marins Fernandes | Felipe Magalhães Lins | Fernanda Alves Bucci | Fernanda Chaves | Fernanda Cristine Vasconcellos da Silva | Fernanda Dibo | Fernanda Maria C M Silveira | Fernanda Moraes Galvão Porto |Fernanda Oliveira Baptista da Silva | Fernando Burgos |Flávia Mattos |Flavio Fuzaro - fuzarobjj |Fran Bernardino |Franceny de Almeida |Francisca Laudecir Machado Gadelha |Francisco C. N. Freire | Francisco Rodrigues de Alencar Filho |Francisco Silva |Gabriel Carrasco Santo | Gabriel Cohn | Gabriel da Silva Lindenbach Garcia |Gabriel de Oliveira Fareli |Gabriel dos Anjos Vilardi |Gabriel Reis |Gabriela dos Anjos de Jesus |Gabriela Garcia Juns |Gabriela Klas Mello |Gabriela Martins Silva |Gabriela Mo | Gabriela Moll |Gabriela Ornellas |Gabriela Rodrigues |Gabriela Salvarrey | Gaston Scayola | Geice Queila de Lima Silva | Georgia Bello Côrrea | Gerson dos Santos | Gessica da Silva | Gilmara Rabelo Santos de Souza | Giselda da Rocha Fagundes | Gisele Abreu Messias | Gisele Ane de Almeida Sperduto Crisostomo | Gisele Barbieri | Gisele Gonçalves Costa | Gisele Mayumi Kobayashi Patrício | Gisele Torres Martini | Giselle R. Israel | Gizelli Coelho Elizio | Glauce Pimenta Rosa | Glaucia Alves | Gonçalo de Andres Fernandez | Gracie Borati | Graziela Zanin Kronka | Guilherme do Val Toledo Prado | Guilherme Pimentel Spreafico Braga | Guilherme Quarantani Junkes | Guilherme Salamuni |Guilherme Sanitá |Gustavo Brant de Carvalho Marques |Gustavo Brant de Carvalho Marques |Gustavo Tedesco | Helcio dos Santos Rodrigues | Hélder José Campos Pereira da Rocha Moreira | Helio Inforsato | Heloisa Helena Fernandes Furtado de Mendonça | Heloisa maria Lyra da Silva Bulcão | Henrique Silva da Costa | Herbert Bruggemann | Hernandes Ramiro de Souza Aguiar | Iara Ines Chaimsohn | Iara Regina Martins Miguel | Igor Serrano | Ilka Teodoro | Imaculada da Conceição Rodrigues | Ines Aisengart Menezes | Inês Blanchart | Iolanda De Benedetto | Ione Mattos | Iracema Fiani Braga | Iraci do Carmo de França | Irineu Francisco Barreto Junior | Isabel Fagundes Amaral | Isabela Martins de Morais e Silva | Isabela Rapizo Peccini | Isabella F Pagin | Ivanita A Prado | Ivo Lopes Yonamine | Ivone Braga de Oliveira | Ivone Ferreira da Silva | Izabel Cristina Portinho da Cunha Santos | Izabella Ribeiro e Garcia de Oliveira | Jackson Anastácio | Jandira Queiroz | Jean Pierre de Cristo | Jean Rodrigo Duarte Barbosa | Jeferson Luiz Appel | Jennifer Hermann | Jessica Silva Rios | Joana de Avila Bessa | João Luiz Silva Jr | João Paulo de Freitas Souza | João Pedro Fagerlande | Joaquim Correa Toledo | Joaquim Marçal Ferreira de Andrade | Joaquim Salles | Jodeline Maurício dos Santos | Jonatas Hadan de Oliveira Aredes | Jorge Chavedar Neto | Jorge Eduardo Costa do Nascimento | Jorge Magalhães de Mendonça | Jorge Salek Aude | José Augusto Andrade França | José Carlos Della Vedova | José Castilho Marques Neto | José Eduardo Gama Noronha | José Eduardo Olivé Malhadas | Jose Fernando Romano Furne | José Fidelis Augusto Sarno | José Marcos Silveira Gonçalves | José Mario Pereira Dias | José Paulo Porto Silveira | José Pedro Torres Maroni | José Pereira Lopes Leal | José Raimundo de Souza | José Reinaldo Cavalcante | Jose Vaz | Josemary Cristina Barp | Josiane castelo Guss | Josiane de Paula | Joyce Cardoso | Júlia Araújo Alves |Júlia Borges | Julia Menezes Lima Moreira | Julia Ventura | Juliana Chagas Gouveia | Juliana de Vasconcelos Gaspar | Juliana Fajardini Reichow | Juliana Farias | Juliana Netto | Juliana Tibau Moreira | Juliane Laura Arcanjo da Silva | Juliano Adolfo Fenólio | Juliéti De Cesaro Maciel | Jurandir Rodrigues | Jussara Costa de Oliveira | Kalindi DElia | Karen de Mesquita Duna | Karen Ferreira Puga Salgado | Karim Priscila Montagnani Kahn da Silveira | Karina Zeferino | Katalin Carrara Geocze | Katharina Merian | Kátia Mello | Katiane Alves da Silva | Katira Tartarotti | Keit Lima | Kelly Cristina Véras Dias | Larissa Emanuela Santana Simões | Larissa melo | Larissa Novais | Larissa Pinheiro Sant Ana | Larissa Tunes da Silva | Larissa Tunes da Silva | Larissa Zacaron Santos | Laura Benevides | Léa Simone de Carvalho | Leandro Augusto Pinto Benedito | Leandro Crespo Ziotto | Leandro Dalla Santa | Leandro Henrique Sartori | Leandro Souza Moura | Leon Diniz Lima Junior | Leonardo Albuquerque Cohn | Leonardo de Moraes Morel | Leonardo Ferreira Peixoto | Leonardo Noboru Seito | Leonardo Wen Magalhaes | Leonel Braga Neto | Letícia Cabral Aguiar | Letícia Dias Marconi da Costa | Lia de Alencar Coelho | Lígia Batista | Lilian Ferreira dos Santos | Lilian Gomes | Liliana Cabral Bastos | Liliane Catone Soares |Liliane da Costa Reis |Lindomar Darós | Lisi Senerchia | Lisiane Koller Lecznieski | Lívia Mendonça | Lorena Góes Teixeira | Luana Regina Marley Aparecido | Luana Vardanega | Luanna Roberta Castro da Silva Casciano | Lucas Caprio dos Santos | Lucas Meirelles Rangel Rodrigues | Lucas Oliveira | Luciana Caixeta Barboza | Luciana da Silva Cassimiro Gonçalves | Luciana Paludo | Luciana Villamaina Centeno | Lucy Marques dos Santos |Ludmila Augusta Concesso de Andrade | Luís Antônio Duarte Coelho | Luis Henrique de Campos | Luis Hermano Spalding | Luísa Catiele Santos Camões | Luiz Felipe Peralta | Luiz Fernando Correia de Oliveira | Luiz Henrique Ferreira Leite | Luiz Rocha | Luiza Mafalda Guasco Peixoto | Luize Sampaio | Luna Escorel Arouca | Luzia Teles Veras | Luzimeire Helenos | Magda Maria Signorini de Araujo Pinto | Mara Alice Campos de Brito | Marcela Caiado de Castro Aquino Coelho | Marcelo Almeida Bairral | Marcelo Apel | Marcelo Diniz Cabanas | Marcelo Viana de Andrade Lima | Márcia Mello da Silveira | Marcia Bezerra de Almeida | Márcia Ferreira Cândido de Souza | Marcia Ferreira Mathias | Márcia Junqueira de Carvalho | Marcia Lazaro de Carvalho | Márcia Maria Nogueira de Albuquerque | Marcia Pereira De Oliveira Duarte | Marcia Sanches Venturi | Márcia Sandy | Marcia Tiburi | Marcio Nascimento Araujo | Marcio Seligmann Silva | Marco Antonio Fronchetti | Marco Antonio Muniz | Marco Aurélio Nogueira Morais | Marco Cachada | Marcos Cabral Resende | Marcos de Macedo Dertoni | Marcos José Barbosa | Marcos Vinicius Pereira | Marcus Paulo de Medeiros Linhares | Maressa Amaral | MargaretH Silva de Mattos | Maria Alice Ferreira Barretto | Maria Angela Jaccoud | Maria Angelica Nascimento de Souza | Maria Aparecida Azevedo Abreu | María Aparecida Rocha Cândido | Maria Aparecida Vieira Gaia | Maria Beatriz Almeidinha Maia | Maria Camargo | Maria Christina Borges-Lutz | Maria Christina Borges-Lutz | Maria Clara Lanari Bo | Maria Clara Lemos dos Santos | Maria Cristina da Gamma Talone | Maria da Consolação Rocha | Maria das Graças Amora | Maria do Carmo de Castro Nunes | Maria do Rosário Corrêa de Salles Gomes | Maria Eliane de Maria Ribeiro | Maria Elisa de Faria Pinho | Maria Esther Duarte Lopes | Maria Isabel Pedrosa | Maria Isabel Stumpf Chiappetti | Maria José Martins | Maria José Silva (Zezé do Povo) | Maria Lucia Haygert | Maria Luísa Moraes Guaritá dos Santos | Maria Luiza de Carvalho | Maria Magalhães Regis de Alencastro | Maria Magalhães Regis de Alencastro | Maria Matilde Alonso | Maria Reis da Rocha | Maria Roberta Perez | Maria Rosângela de Souza | Maria Vanise Pires de Rezende | Maria Verônica da Silva | Maria Virginia Martins | Marian Starosta | Mariana Alves | Mariana Antoun da Fonseca e Silva | Mariana de Carvalho | Mariana Lloyd | Mariana Mesquita | Mariana Peleje Viana | Mariana Rosell | Mariana Virgílio | Mariane Tesch DAvila | Marihana Heloany Reis | Marilene Felinto | Marília Souza Santos | Marina Carvalho Sella | Marina Franciulli | Marina Klafke Rossi | Marisa Martins | Maristela N A Oliveira | Maristelly de Vasconcelos Carvalho | Marta Maria do Amaral Azevedo | Marta Nidia Varella Gomes Maia | Matheus Henrique da Mota Ferreira | Mauricio Cintrao | Mauro Bisbocci | Mauro Sato | Max Ferreira do Amaral | Max Welcman | Meigaa Juliane Soares Mello Batista | Mell Helade | Mercedes Schumacher | Michele Gilli | Micheli Gomes de Souza | Miguel Pedrosa de Souza Junior | Mila H Lo Bianco | Mirca Melo Barbosa | Miriam Fernandes Mendes |Mirian Arcanjo Vieira de Almeida | Mônica Dantas Paulo | Monica Marcia Martjns de Oliveira | Mônica Mazzini Perrotta | Monika Ottermann | Morena dAyo de Macedo Santos | Murilo Casagrande | Nanci de Oliveira Lima | Nara de Oliveira Santos | Nara Geciauskas Ramos Castillo | Natália de Andrade Brandino | Natália Gonçalves S Santos | Natalia Silva | Natalia Viegas Ribas | Natasha Corbelino | Nathália Diniz | Nathalia Gonçalves Santos Caldeira | Nathalia Henrique | Nathalia Reis de Almeida | Nelly Christina Ribeiro Cassiano | Niara Luiza Ramos de Oliveira | Nicole Coelho Terlecki Da Fonseca | Nilma Coelho | Nina Madsen | Nina Queiroz Kertzman | Nivea Luciana Rodrigues Lopes | Nize Maria Campos Pellanda |

Noemia Magalhães de Almeida | Nossas Cidades | Oliveira França | Olívia Morgado Françozo | Otavio Augusto Winck Nunes | Otilia Pimenta Azevedo | Pablo Nunes | Paloma | Pamela Araujo de Azevedo | Pâmela de Andrade Stempliuk | Patrícia Caroline Iacabo Correia Gomes | Patricia Lanes | Paula Albuquerque | Paula Bajer Fernandes | Paula Fragale-Noble | Paula Reis de Rezende | Paulo César Silva da Costa | Paulo Roberto Vilela Pinto | Pedro Azevedo da Silva | Pedro Felipe Fermanian | Pedro Gabriel Carvalho Leite | Pedro Gabriel Carvalho Leite | Pedro Maia Veiga | Pra Preto Ler | Priscila de Almeida Prado | Priscila Ribeiro Freyesleben | Priscilla Caroline de Sousa Brito | Rafael Antonio Tardin | Rafael Pereira Sousa | Rafael Rezende | Rafael Rios Ribeiro | Rafaella de Carvalho Antunes | Raimundo Nonato Cunha Ewerton Júnior | Ramon de Carvalho Azevedo | Raquel Carvalho | Raquel Joane Rodrigues | Raquel Willadino | Regina Aparecida Caldeira | Regina Celi Dias dos Santos | Regina da Costa da Silveira | Regina Helena Simões Barbosa | Regina van der Haagen Cruz Tavares Filha | ReHuNa - Rede pela Humanização do Parto e Nascimento - Daphne Rattner | Reinaldo Raimundo do Nascimento | Renata da Silva Moura | Renata Ferreira | Renata Narciso de Medeiros | Renata Saavedra | Renata Silverio Balbino | Renata Souza Ripoll de Carvalho | Renata Vazgauska Inacio | Renato Alves Barrozo | Renato Barbosa da Silva | Renato da Fonseca Lima | Renato Janine Ribeiro | Renato Nalini | Ricardo de Lima Camargo | Ricardo Santos Ferreira | Roberto Alcarria do Nascimento | Roberto Luís Ramalho Pereira | Roberto Rocha | Rochana Melo de Souza | Rodolfo de Oliveira Zimmer | Rodrigo Monteiro | Rodrigo Otavio Cipoli Cajueiro | Roger Schorr Barbosa | Rogério Araújo Christensen | Rosa Amélia Barbosa | Rosa Ribeiro Prestes | Rosalina Fernandes | Rosana Dos Santos Correa | Rosei Cristine Gonçalves | Rosimeri De Oliveira Dias | Rossana Brandão Tavares | Rubens Pires de Lima Osorio | Samael Nivys | Sami Sternberg | Sandra Cavalcanti | Sandra Felzen | Sandra Regina Albano Pereira | Sarah Escorel | Sarah Silva Telles | Sarah Tavares | Sebastião Tavares | Sergio de Arruda Sampaio |Severina do Carmos Silva | Sheila Saad | Silvana de Queiroz | Silvana Gabbardo | Silvana Muler Casseres | Silvia Lima Negreiros | Silvia Ribeiro | Silvia Sant'Anna | Simone Campos | Simone Elizabete Padilha dos Santos | Simone Matos Cavalcante | Solange Montenegro | Solen Traynard | Stella Regina Taquette | Sur Livros | Susan Waisbich | Suzana Salles dos Santos | Sylvio José Ribeiro de Oliveira | TP | Tailma Venceslau | Tais Freire Galvao | Tamiris Sakamoto | Tânia Felicidade Costa Lino de Oliveira | Tânia Ferreira | Tassiana Moura de Oliveira | Tati Leite | Tatiana Guimarães Medeiros de Carvalho | Tatianny de Souza Araújo | Tauana Batista Fernandes | Tayná Santos Rosa | Telma Fernandes Barrionuevo Gil | Tercio Luz | Thais Freire Sardella | Thais Herdy Guedes | Thais Mesquita | Thais Quintella de Linhares | Thais Rocha | Thaís Vieira dos Santos | Thatiana Penna de Lima | Thereza Cristina Bertazzo Silveira Viana | Thereza Monteiro de Castro De Felice Souza | Thiago Vilela | Thomas Beltrame | Tiago Körbes | Tika Tiritilli | Trond Erik Austevoll | Tseink Vic | Tuanni Rachel Borba | Tuty comipsilon | Uriara Maciel | Valdeck Almeida de Jesus | Valéria Ferreira das Neves | Valéria Rosa Poubell | Vanessa Ap Vieira da Silva | Vanessa Cordeiro Henriques | Vanessa Cristina Souza | Vanessa Dóris Vanzin | Vanessa L Souza | Vera Lucia Lunardi | Vera Masagao Ribeiro | Vera Naila Davet Pazos | Veronica Maria Rodrigues | Vinícius Vieira | Vitor Cerqueira Dassie | Vivian Pimentel | Viviane Castro Camozzato | Viviane Lima | Wander Vidal Braga | Washington Roger | Wellington Romão Oliveira | Wilma Olmo Correa | Wilson da Costa | Xixo Maurício Piragino | Zenir Cunha Lima Marques | Zulmira Guerrero Marques Lacava

SOBRE AS FOTOGRAFIAS

5 Mídia Ninja, retrato de Marielle Franco, 2017

6-7 Bernardo Guerreiro, Ensaio de pré-campanha na Maré, 16 de agosto de 2016

8-9 Douglas Lopes, fotografia do Complexo da Maré

10 AF Rodrigues, fotografias de Marielle e Anielle Franco em altar na casa de Marinete Silva

11 Acervo de família, Anielle e Marielle brincando na infância

12 Acervo de família, Marielle vestida de Paquita com amiga e Anielle na infância

13 Acervo da família, retrato de Marielle na adolescência

14 Acervo de família, Marielle e amigos em celebração da Crisma Católica

15 Acervo de família, Marielle na festa de debutante dos seus 15 anos

16 Acervo de família, Marielle e amiga arrumadas para um baile funk

17a Maria Buzanovsky, Marielle e amigos dançando funk no Complexo da Maré, 2012

17b Maria Buzanovsky, Marielle e Renata Souza dançando funk no Complexo da Maré, 2012

18-19 Maria Buzanovsky, Marielle no Rio Parada Funk, Largo da Carioca, 2011

20 Acervo de família, ensaio fotográfico de Marielle na adolescência

22 Acervo de família, Marielle na praia na adolescência

23 Acervo de família, aniversário de 19 anos de Marielle, 1998

24 Acervo de família, casamento de Marielle Franco e Cadu

25a Acervo de família, Marielle grávida ao lado dos pais e da irmã, 1998

25b Acervo de família, Marielle na maternidade com sua filha Luyara Santos no colo, 1998

26-27 Bernardo Guerreiro, Marielle com a família (Anielle, Mariah, Marielle, Marinete e Luyara), campanha para vereardora, 2016

28 Acervo de família, Marielle com Luyara

29 Acervo de família, Marielle com Luyara e amigas em festa junina

30 Acervo CEASM, fotografia da fachada do CEASM, começo dos anos 2000

31 Acervo de família, Marielle e colegas na formatura de Ciências Sociais na PUC-Rio

32-33 AF Rodrigues, ato contra o extermínio da população negra no Complexo da Maré, começo dos anos 2000

34 Pedro Prado, operação na Favela Baixa do Sapateiro, no Complexo da Maré, 26 de setembro de 2022

35a Tércio Teixeira, ocupação do exército no Complexo da Maré, 2014

35b Pedro Prado, operação na Favela Baixa do Sapateiro, no Complexo da Maré, 26 de setembro de 2022

36 Oliver Kornblihtt/Mídia Ninja, Marcelo Freixo e Marielle em mesa de debate durante período de campanha, 2016

37 ASCOM Marcelo Freixo, Marielle e Marcelo Freixo em visita na favela do Chapéu Mangueira, 2010

38-39 Leon Diniz, Marcelo Freixo e Marielle se abraçando em 8 de março de 2017

41 ASCOM Marcelo Freixo, Marielle em visita na favela Chapéu Mangueira

42a ASCOM Marcelo Freixo, Marielle e equipe de assessoria parlamentar de Marcelo Freixo em lançamento do relatório da Comissão de Direitos Humanos, 2014

42b Acervo de família, Marielle e seu ex-marido Eduardo Alves

43a ASCOM Marcelo Freixo, equipe de assessoria parlamentar em comemoração no gabinete de Marcelo Freixo

43b ASCOM Marcelo Freixo, Marielle junto ocm suas colegas na Comissão de Direitos Humanos da ALERJ

45a Katiana Tortorelli, Marielle Franco em ação da Comissão de Direitos Humanos

45b Mayara Donaria, Marielle Franco em atendimento à família das vítimas durante o seu mandato de vereadora e da Comissão de Direitos Humanos, 2017

46-47 Marcelle Gebara, Marielle em encontro com familiares de vítimas, 2017

48-49 AF Rodrigues, Marielle em passeata contra o extermínio da população negra no Complexo da Maré, começo dos anos 2000

50 Técio Teixeira, ocupação da UPP no Complexo da Maré, 2014

52-53 Oliver Kornblihtt/Mídia Ninja, Marielle em campanha contra a Intervenção no Rio de Janeiro, 2017

55 Joana Diniz/Mídia Ninja, Manifestação "Ni Una Menos", Cinelândia, 2016

56-57 Thaís Alvarenga, Marielle em evento do Dia da Mulher, 8 de março de 2018

58-59 Elisângela Leite, Marielle em frente a mural na Redes da Maré, 2016

60 Bernardo Guerreiro, bandeira LGBTQIAP+ em ato no centro do Rio de Janeiro, 2015

61a Mídia Ninja, ato "Fora Cunha" e pela legalização do aborto, 2016

61b Bernardo Guerreiro, ato "Fora Cunha" e pela legalização do aborto, 2016

62-63 Christian Braga, Manifestação "Ni Una Menos", Cinelândia, 2016

64 Bernardo Guerreiro, Marielle em panfetlagem de campanha no Complexo da Maré, 2016

66-67 Katiana Tortorelli, Marielle, Renata Souza e Marcelo Freixo em debate durante a campanha, 2016

68-69 Katiana Tortorelli Marielle junto ao comitê de campanha "Mulher Raça" no Complexo da Maré, 2016

70-71 Bernardo Guerreiro, Marielle discursando na praça "Buraco do Lume" com o deputado Eduardo Suplicy ao seu lado, 2016

72-73 Luna Costa, Debate durante à campanha de Marielle na UFRJ. 2016

74a Bernardo Guerreiro, Marielle abraçando Bira, amigo de infância e fotógrafo popular da Maré

74b Bernardo Guerreiro, Marielle com equipe durante agenda de panfletagem no Complexo da Maré, 2016

75a Oliver Kornblihtt/Mídia Ninja, Marielle em debate da "Partida" grupo feminista do PSOL, 2016

75b Bernardo Guerreiro, Marielle sua filha Luayara em panfletagem no Complexo da Maré, 2016

76-77 André Mantelli, Marielle abraça companheira ao descobrir os resultados de sua eleição, 2016

79 Renan Olaz/CMRJ, Marielle presidindo sessão de plenária na Câmara Municipal do Rio de Janeiro

80-81 Renan Olaz/CMRJ Marielle Franco presidindo sessão de plenária em Dia Internacional da Mulher, 8 de março de 2017

82-83 Renan Olaz/CMRJ Audiência Pública na Câmara Municipal do Rio de Janeiro "Buscando Soluções: Caminhos Contra Redução da Maioridade Penal", debate proposto pela mandato de Marielle Franco, 24 de Outubro de 2017

84-85 Renan Olaz/CMRJ Audiência Pública na Câmara Municipal do Rio de Janeiro Contra Violências das Mulheres, 2017

86a ASCOM Marielle Franco, Marielle e assessores parlamentares, 2017

86b ASCOM Marielle Franco, Marielle e assessores parlamentares, 2017

87a ASCOM Marielle Franco Marielle discursando em atividade de prestação de contas "PSOL na Rua", praça "Buraco do Lume", 2017.

87b ASCOM Marielle Franco, Marielle discursando em atividade de prestação de contas "PSOL na Rua", praça "Buraco do Lume", 2017.

89 Bernardo Guerreiro, Ato "Fora Cunha: pelo autonomia do corpo das Mulheres", Centro do Rio de Janeiro, 2015.

90-91 Renan Olaz/CMRJ, Marielle presidindo a abertura de sessão de plenária na Câmara Municipal do Rio de Janeiro. 2018

93 Leon Diniz, Marielle em meditação durante atividade da Comissão de Defesa da Mulher na comunidade do Salgueiro, 2018

94-95 Naldinho Lourenço, Marielle em meditação durante atividade da Comissão de Defesa da Mulher na comunidade do Salgueiro, 2018

96-97 Renan Olaz, Marielle discursa em púlpito durante sessão de plenária na Câmara Municipal do Rio de Janeiro. 2017.

99 Mayara Donaria, Marielle Franco e Sônia Guajajara se encontram em evento "Mulheres na Política", 2017

100-101 Mayara Donaria, Marielle Franco e Sônia Guajajara em evento "Mulheres na Política", 2017

102-103 Nunah Alle, Áurea Carolina, Marielle Franco e Talíria Petrone em mesa de setorial "Mulheres do PSOL", 2017

105 Patricia Gouvêa, Marielle Franco em Dia Internacional das Mulheres, Praça Cinelândia, 2017

106-107 Acervo Marielle Franco, Marielle Franco e Talíria Petrone se encontram durante manifestação no centro do Rio de Janeiro, 2017

108-109 Acervo Marielle Franco, Marielle Franco e Talíria Petrone se abraçam durante manifestação no centro do Rio de Janeiro, 2017

110-111 Fernanda Fioravanti. Marielle em plenária da Setorial "Mulheres do PSOL", na Quinta da Boa Vista, 2015.

113 Guilherme Prado, Marielle em debate público, 2017

114-115 Leon Diniz, Marielle e equipe de assessores durante ato de Defesa do Dia da Mulher, 2017

116-117 Bernardo Guerreiro, Marielle e equipe de assessores, 2017

118-119 René Junior, Mayara com Luyara no Complexo da Maré, 2016

120-121 Acervo Mônica Benício, Marielle e Mónica Benício em selfie no Complexo da Maré, 2017

123 Gian Martins/Mídia Ninja, Marielle durante sua fala em debate "Pretas no poder", Front, Rio de Janeiro, 1 de novembro de 2017

124-125 Bernardo Guerreiro, Marielle fotografando durante produção de ato do lançamento da candidatura de Marcelo Freixo, Cinelândia, 18 de agosto de 2016

126-127 Acervo Marielle Franco, transmissão de evento de dia das mulheres, 2016

129 Raphael Medeiros, retrato de Marielle Franco na pré-campanha "Mulher Raça", 2016

130-131 Bárbara Dias, Marielle caminha entre corredor de policiais na portaria da Câmara Municipal do Rio de Janeiro durante ato de servidores públicos na Cinelândia, 26 de outubro de 2017

133 Bernardo Guerreiro, retrato de Marielle Franco, 12 de abril de 2017

134-135 Mayara Donaria, retrato de Marielle durante debate com pré-candidato presidencial Guilherme Boulos na Cinelândia, 20117

136-137 Acervo Marielle Franco, um dia após a morte de Marielle, Anielle Franco em ato no local do assassinato de sua irmã, Estácio, 2018

138-139 Bárbara Dias, ativistas do movimento negro em ato "Marielle Vive", um dia após o assassinato de Marielle, 15 de março de 2018

140-141 Mídia Ninja, Câmara Municipal na Cinelândia, no Centro do Rio de Jaeniro, em ato histórico um dia após assassinato de Marielle, 15 de março de 2018

142-143 Mayara Donaria, ato de Dia Internacional da

Mulher, Rio de Janeiro, 8 de março de 2020

144-145 Mìdia Ninja, ato do Dia Internacional da Mulher, Rio de Janeiro, 8 de março de 2019

146-147 Fernando Frazão, distribuição de réplicas de placas de rua com nome da Marielle Franco em frente à Câmara Municipal, na Cinelândia, marca o dia em que o assassinato da vereadora completou sete meses, em 14 de outubro de 2018

148 Márcia Foletto, retrato de Marielle, Rio de Janeiro, 2017

154 René Junior, retrato de Marielle em ação de pré-camoanha, 2016

159 Rafael Rezende, último evento de Marielle Franco, Casa das Pretas, 14 de março de 2018

161 Acervo da família, Marielle Franco e família, 2017

163 Acervo Mônica Benício, Marielle e Mônica, 2017

164a Coletivo Passarinho, evento em homenagem a Marielle, Argentina, 2018

164b Coletivo Passarinho, evento em homenagem a Marielle, Argentina, 2018

166a Acervo Marielle Franco, evento em homenagem a Marielle, Londres, 2018

166b Acervo Marielle Franco, evento em homenagem a Marielle, Londres, 2018

170a Acervo Marielle Franco, evento em homenagem a Marielle, Itália, 2018

170b Mayara Donaria, inauguração da estátua de Marielle no buraco do Lume, centro do Rio de Janeiro, no dia em que faria 43 anos, 27 de julho de 2022

173a Acervo Marielle Franco, evento em homenagem a Marielle, Israel, 2018

173b Acervo Marielle Franco, evento em homenagem a Marielle, Israel, 2018

174 Facebook, homenagem a Marielle Franco, Pernambuco, 2018

176a Acervo Marielle Franco, Evento em homenagem a Marielle, Portugal, 2018

176b Acervo Marielle Franco, grafite em homenagem a Marielle, Itália, 2018

178a Maud Chirio, cartaz de inauguração do Jardim Marielle Franco em Paris, 2018

178b Maud Chirio, placa do Jardim Marielle Franco em Paris, 2018

189-190 Mídia Ninja, homenagem a Marielle Franco, 2018

190-19! Bernardo Guerreiro, retrato de Marielle Franco, Maré, 2016

192 Marcelo Brodsky, intervenção sobre retrato de Marielle Franco de Bernardo Guerreiro, 2023

Conheça mais sobre as imagens e as ideias de Marielle Franco.

O Acervo de Marielle é uma iniciativa do Instituto Marielle Franco para recuperar e preservar as fotos e vídeos de Marielle, para que possam ser compartilhadas com as próximas gerações através do projeto do Centro de Memória e Ancestralidade Marielle Franco que será lançado em breve.

Tem alguma foto, vídeo ou objeto de memória sobre Marielle e quer compartilhar com o instituto? Acesse www.institutomariellefranco.org/memoria e contribua para o acervo.

A Agenda Marielle Franco é a sistematização do legado de Marielle em um conjunto de pautas e práticas para que as pessoas não apenas falem como Marielle, mas façam como ela. Mais de 150 parlamentares a nível municipal, estadual e federal, além de lideranças políticas de fora do Brasil já se comprometeram com esta agenda. Acesse www.agendamarielle.com e saiba mais.

Acesse www.institutomariellefranco.org e conheça esses e outros projetos criados pelo Instituto para lutar por justiça, defender a memória, multiplicar o legado e regar as sementes de Marielle.

Ajude o Instituto Marielle Franco a seguir em frente com esse trabalho.

Apoie com o valor que você puder em: apoie.institutomariellefranco.org

www.ingramcontent.com/pod-product-compliance
Lightning Source LLC
Chambersburg PA
CBHW041128300426
44113CB00003B/98